PONS

ITALIENISCH *to go*

von
Beate Stern

PONS GmbH
Stuttgart

PONS

Italienisch to go

10-Minuten-Übungen für zwischendurch

von
Beate Stern

identisch mit ISBN: 978-3-12-562827-4

1. Auflage 2019

Redaktion: Francesca Giamboni
Logoentwurf: Erwin Poell, Heidelberg
Logoüberarbeitung: Sabine Redlin, Ludwigsburg
Einbandgestaltung: PONS GmbH, Stuttgart
Titelfoto: Rom: iStockphoto/vwalakte, Hand: shutterstock/Prime-Mockup, Kaffeebecher: shutterstock/bane.m
Layout: Petra Michel, Gestaltung & Typografie, Bamberg
Satz: Tebitron, Gerlingen
Druck und Bindung: Publikum d.o.o

ISBN: 978-3-12-562127-5

Zu diesem Buch

Sie wollen Ihre Italienischkenntnisse auffrischen, ein bisschen trainieren oder vorhandenes Wissen festigen?

Dann ist das Buch *PONS Italienisch to go* genau das Richtige für Sie! Jede Übung in diesem Buch ist eine **optimale, überschaubare Lernportion** und **in 10 Minuten** machbar - ideal für zwischendurch oder wenn Ihre Zeit mal etwas knapper ist.

Wiederholen und üben Sie also in mehr als **70 abwechslungsreichen Übungen** die wichtigsten Themen der italienischen Sprache.

Je nach Schwierigkeitsniveau wird jede Übung mit einem bzw. zwei Sternchen gekennzeichnet: Mit einem Sternchen wird auf ein einfacheres, mit zwei auf ein anspruchsvolleres Niveau hingewiesen.

Außerdem sind alle Übungen einem von vier Bereichen zugeordnet, die Sie an ihrem Symbol erkennen können:

§ Grammatik

ABC Wortschatz

Kommunikation

Land und Leute

Die Übungen sind nach dem **„verdeckten Doppelseitenprinzip"** erstellt, d. h. die Übungen stehen immer auf einer rechten Seite. Wenn Sie einmal umblättern, finden Sie gleich auf der Rückseite die **Lösungen** und **zusätzliche Informationen** zum Thema, wie z. B. Wortschatz, Warnhinweise, Aussprachehilfen und Tipps.

Viel Erfolg beim Italienischlernen wünscht Ihnen

Ihr PONS-Redaktionsteam

Inhalt

Inhalt

1 I verbi

a Ordnen Sie die Verbformen von **presentare** (vorstellen) den entsprechenden Pronomen zu.*

1. io	___ **A** presentano
2. tu	___ **B** presentate
3. lui/lei/Lei	___ **C** presento
4. noi	___ **D** presenta
5. voi	___ **E** presentiamo
6. loro	___ **F** presenti

b Setzen Sie die korrekte Verbform in die Lücke ein.**

venite - viviamo - vengo - viene - vivono - vivi - presento

1. Anna e Marco ________________ a Stoccarda.

2. Marcello ________________ da Milano.

3. Ti ________________ la mia amica Clara.

4. "Sara e Stefano, voi ________________ da Belluno?"

5. Tu ________________ in Italia?

6. Dario ed io ________________ in provincia di Padova.

7. (Io) ________________ da Roma

1 Die regelmäßigen Verben

	presentare (*vorstellen*)	**vivere** (*leben*)	**sentire** (*hören*)
io	present**o**	viv**o**	sent**o**
tu	present**i**	viv**i**	sent**i**
lui, lei, Lei	present**a**	viv**e**	sent**e**
noi	presen**tiamo**	viv**iamo**	sent**iamo**
voi	present**ate**	viv**ete**	sent**ite**
loro	present**ano**	viv**ono**	sent**ono**

Die regelmäßigen Verben enden entweder auf **-are**, **-ere** oder **-ire** und werden je nach Endung, unterschiedlich konjugiert.

Aus der Endung des Verbs geht hervor, um welche Person es sich handelt. Deshalb entfällt in der Regel sowohl in der geschriebenen als auch in der gesprochenen Sprache das Subjektpronomen, außer wenn es betont ist.

Bei der 1. und 2. Person Plural wird die vorletzte Silbe betont. Die anderen Formen richten sich nach der 1. Person Singular.

Für die höfliche Anrede verwendet man im Singular die 3. Person (**Lei**). Im Plural wird die 2. Person (**Voi**) verwendet. **Loro** ist sehr formell und wird heute kaum noch verwendet.

LÖSUNGEN:

a) **1.** c, **2.** f, **3.** d, **4.** e, **5.** b, **6.** a; b) **1.** vivono, **2.** viene, **3.** presento, **4.** venite, **5.** vivi, **6.** viviamo, **7.** vengo

2 Ciao, come va?

Welche Antwort passt? Kreuzen Sie an.*

1. Come si chiama?
- ☐ **A** Sono di Milano
- ☐ **B** Mi chiamo Ada.
- ☐ **C** Bene, grazie.

2. Di dove sei?
- ☐ **A** Sto bene, grazie.
- ☐ **B** Sì, sono tedesca.
- ☐ **C** Sono di Verona.

3. Come stai?
- ☐ **A** Sto bene, grazie.
- ☐ **B** Sono svizzero.
- ☐ **C** Vengo da Roma.

4. Lei è italiana?
- ☐ **A** Mi chiamo Stefano.
- ☐ **B** Sì, sono italiana.
- ☐ **C** Molto bene.

5. Lei è di Roma?
- ☐ **A** Sono inglese.
- ☐ **B** Benissimo, grazie.
- ☐ **C** Sì, vengo da Roma.

6. Di dov'è?
- ☐ **A** Vengo dalla Germania.
- ☐ **B** Sì, sono tedesca.
- ☐ **C** Benissimo, grazie.

7. Come va?
- ☐ **A** Abbastanza bene.
- ☐ **B** No, sono italiano.
- ☐ **C** Sì, mi chiamo Clara.

8. Sei francese?
- ☐ **A** Bene, grazie.
- ☐ **B** No, vengo dalla Germania.
- ☐ **C** Sì, sono di Parigi.

2 Erstes Kennenlernen

Zur **Begrüßung** sagen Sie:

Buongiorno/Buonasera	*Guten Tag/Guten Abend*
Ciao/Salve	*Grüß dich/Hallo*

So **stellen** Sie sich **vor**:

Mi chiamo ...	*Ich heiße ...*
Sono di .../Vengo da ...	*Ich komme aus ...*

So fragen Sie nach dem **Befinden**:

Come sta/stai?/Come va?	*Wie geht es Ihnen/dir?/Wie geht's?*

So **verabschieden** Sie sich:

Arrivederci/ArrivederLa	*Auf Wiedersehen*
Ciao!	*Tschüss!*

Ciao lautet die informelle Begrüßung bzw. Verabschiedung unter Freunden. **Buongiorno** bzw. **buonasera** dient als formeller Gruß, wobei buonasera schon ab dem Nachmittag verwendet wird.
Mit **arrivederci** bzw. **arrivederLa** (etwas steifer) verabschieden Sie sich formell.

LÖSUNGEN:

1. b, **2.** c, **3.** a, **4.** b, **5.** c, **6.** a, **7.** a, **8.** b,c

3 Essere ed avere

a Ergänzen Sie die Sätze mit der korrekten Form von **essere**.*

1. Noi ________ Michela e Sara. **2.** Lui ________ Stefano.

3. Loro ________ Mauro e Lilly. **4.** Lei ________ la signora de Rossi.

b Die Präsensformen des Verbs **avere** sind durcheinandergeraten. Bringen Sie diese in die richtige Reihenfolge.*

1. io ___ **A** ha

2. tu ___ **B** avete

3. lui/lei/Lei ___ **C** ho

4. noi ___ **D** hanno

5. voi ___ **E** abbiamo

6. loro ___ **F** hai

3 Die Verben *essere* und *avere*

So werden die Verben **essere** und **avere** in Präsens konjugiert:

	essere (*sein*)	**avere** (*haben*)
io	sono	ho
tu	sei	hai
lui/lei/Lei	è	ha
noi	siamo	abbiamo
voi	siete	avete
loro	sono	hanno

Einige Ausdrücke erfordern im Italienischen ein anderes Verb als im Deutschen. Zum Beispiel:

Ha dieci anni.	*Er/Sie ist zehn Jahre alt.*
Ha la mia età.	*Er/Sie ist in meinem Alter.*
Ho caldo.	*Mir ist heiß.*

Und hier noch ein paar wichtige Ausdrücke mit **avere** und **essere**:

Ho fame	*Ich habe Hunger*
Ho sete	*Ich habe Durst*
Ha fretta	*Er/Sie hat es eilig*
È stanco	*Er/Sie ist müde*
Sei d'accordo?	*Bist du einverstanden?*

LÖSUNGEN:

a) **1.** siamo, **2.** è, **3.** sono, **4.** è; b) **1.** c, **2.** f, **3.** a, **4.** e, **5.** b, **6.** d

4 Che aspetto hanno?

a In der folgenden Satzschlange sind die Leerzeichen und die Punkte zwischen den Sätzen verloren gegangen. Wie heißen die Sätze korrekt?*

clarahaicapellilunghibrunoportagliocchialimichelahalacarnagionescurafabrizioèmorolillyèunaragazzaaltamartinètedesco.

1. ________________.

2. ________________.

3. ________________.

4. ________________.

5. ________________.

6. ________________.

b Hier sind einige Adjektive durcheinandergeraten. Wie heißen Sie?**

1. pticaonati ________________

2. ognapsol ________________

3. alleb ________________

4. tnelletinieg ________________

5. uzzorar ________________

6. trapea ________________

4 Personenbeschreibung

Um die **Statur einer Person** zu beschreiben, sagen Sie:

È alto/a, basso/a, snello/a, grasso/a.	- *Er/Sie ist groß, klein, schlank, dick.*

So beschreiben Sie die **Frisur** einer Person:

È biondo/a, castano/a, moro/a.	- *Er/Sie ist blond, braunhaarig, dunkelhaarig.*
Ha i capelli lunghi, corti, ricci, lisci.	- *Er/Sie hat lange, kurze, lockige glatte Haare.*

Und so deren **Augenfarbe**:

Ha gli occhi azzurri, verdi, castani, neri.	- *Er/Sie hat blaue, grüne, braune, schwarze Augen.*

ABC

Einige Gegensätze

simpatico/a	⟷ antipatico/a	*sympathisch*	⟷ *unsympathisch*
bello/a	⟷ brutto/a	*hübsch*	⟷ *hässlich*
buono/a	⟷ cattivo/a	*gut*	⟷ *böse*
intelligente	⟷ stupido/a	*intelligent*	⟷ *dumm*

LÖSUNGEN:

a) **1.** Clara ha i capelli lunghi. **2.** Bruno porta gli occhiali. **3.** Michela ha la carnagione scura. **4.** Fabrizio è moro. **5.** Lilly è una ragazza alta. **6.** Martin è tedesco. b) **1.** antipatico, **2.** spagnolo, **3.** bella, **4.** intelligente, **5.** azzurro, **6.** aperta

5 Le città italiane

Fügen Sie die Namen der folgenden Städte in die Italienkarte ein.*

Milano - Venezia - Torino - Roma - Napoli - Bari - Genova - Catania - Trieste - Firenze

1. ______________
2. ______________
3. ______________
4. ______________
5. ______________
6. ______________
7. ______________
8. ______________
9. ______________
10. ______________

5 Italienische Städte

Im Italienischen werden Städtenamen immer groß geschrieben. Die Einwohner hingegen schreibt man klein. So heißen die Einwohner der folgenden italienischen Städte:

Bari	**baresi**	Roma	**romani**
Bologna	**bolognesi**	Torino	**torinesi**
Firenze	**fiorentini**	Trieste	**triestini**
Genova	**genovesi**	Trento	**trentini**
Milano	**milanesi**	Venezia	**veneziani**
Napoli	**napoletani**	Verona	**veronesi**
Pisa	**pisani**		

Für manche Städte im deutschsprachigen Raum haben die Italiener eigene Namen. So lautet z. B der italienische Name für Köln **Colonia**, Hamburg heißt **Amburgo**, Frankfurt **Francoforte**, Stuttgart **Stoccarda**, Nürnberg **Norimberga**, und München **Monaco (di Baviera)**. Zu Zürich sagen die Italiener **Zurigo** und zu Wien **Vienna**.

Wenn die Italiener von **La Serenissima** - der Durchlauchtigsten -sprechen, so meinen Sie damit Venedig. Rom ist **La Città Eterna** - die Ewige Stadt.

LÖSUNGEN:

1. Bari, **2.** Napoli, **3.** Roma, **4.** Torino, **5.** Milano, **6.** Venezia, **7.** Catania, **8.** Genova, **9.** Firenze, **10.** Trieste

6 Il plurale

Wie lautet die korrekte Pluralform? Ergänzen Sie den Artikel und die fehlende Endung.**

1.	la ragazza	____ ragazz____
2.	il giorno	____ giorn____
3.	la nazionalità	____ nazionalit____
4.	l'occhio	____ occh____
5.	il capello	____ capell____
6.	la nave	____ nav____
7.	l'amica	____ amic____
8.	il bar	____ ba____
9.	il ragazzo	____ ragazz____
10.	lo studente	____ student____
11.	l'amico	____ amic____
12.	il caffè	____ caff____
13.	il piede	____ pied____
14.	la città	____ citt____
15.	la signora	____ signor____

6 Pluralbildung

Der Plural wird im Italienischen in der Regel so gebildet:

	Singular	Plural
weiblich	ragazz**a**	ragazz**e**
männlich	ragazz**o**	ragazz**i**
weiblich oder männlich	pied**e**	pied**i**

Substantive, die auf einen betonten Vokal enden, z. B. **il caffè** *(Kaffee)*, **la nazionalità** *(Nationalität)*, bleiben im Plural unverändert. Ebenso Substantive, die mit einem Konsonanten enden, z. B. **il bar** *(das Café)*.

Der Artikel, der das Substantiv begleitet, verändert sich ebenfalls:

	Singular	Plural
weiblich	**la** ragazza	**le** ragazze
weiblich vor Vokal	**l'**amica	**le** amiche
männlich	**il** ragazzo	**i** ragazzi
männlich vor Vokal	**l'**amico	**gli** amici
männlich vor **s** + Konsonant oder vor **z, gn, pn, ps, x**	**lo** studente	**gli** studenti

LÖSUNGEN:

1. le ragazze, **2.** i giorni, **3.** le nazionalità, **4.** gli occhi, **5.** i capelli, **6.** le navi, **7.** le amiche, **8.** i bar, **9.** i ragazzi, **10.** gli studenti, **11.** gli amici, **12.** i caffè, **13.** i piedi, **14.** le città, **15.** le signore

7 Ti presento il mio amico

Ordnen Sie die Aussagen der jeweiligen Situation zu.*

1. ______________________

2. ______________________

3. ______________________

4. ______________________

A "Giulia, ti presento il mio amico Lorenzo."

B "Ciao, sono Francesca, piacere di conoscerti." - "Piacere."

C "Questo è mio nonno Enrico."

D "Buongiorno, mi chiamo Rossi." - "Piacere, Turri".

7 Jemanden vorstellen

Um jemanden **vorzustellen**, können Sie sagen:

Questo è il mio amico Marco.	*Das ist mein Freund Marco.*
Questa è la mia amica Laura.	*Das ist meine Freundin Laura.*
Ti presento Francesca.	*Ich stelle dir Francesca vor.*
Le presento il signor Rossi.	*Ich stelle Ihnen Herrn Rossi vor.*

Wenn sich jemand vorgestellt hat, **antworten** Sie:

(Molto) piacere!	*(Sehr) angenehm!*
Molto lieto/a!	*Sehr erfreut!*
Piacere di conoscerti.	*Schön, dich kennen zu lernen.*
Piacere di conoscerLa.	*Schön, Sie kennen zu lernen.*

Anders als im Deutschen ist es im Italienischen nicht unüblich oder altmodisch, mit **piacere** (*angenehm*) zu antworten, wenn sich jemand vorstellt - selbst wenn Sie diese Person duzen.

Molto lieto, wenn Sie ein Mann sind, bzw. **molto lieta,** wenn Sie eine Frau sind, ist die formellere Antwort auf eine Vorstellung.

LÖSUNGEN:

1. b, **2.** c, **3.** a, **4.** d

8 Mia figlia e nostra zia

a Bilden Sie die Singular- bzw. Pluralformen der Possessivpronomen mit den entsprechenden Artikeln.*

	Singular	Plural
1.	mia figlia	______ figlie
2.	il tuo vestito	______ vestiti
3.	______ capello	i suoi capelli
4.	nostra zia	______ zie
5.	______ nazionalità	le vostre nazionalità
6.	il loro viaggio	______ viaggi

b Ordnen Sie die Übersetzungen den italienischen Ausdrücken zu.**

1.	le vostre amiche	___ A	ihre Freunde
2.	la loro amica	___ B	eure Freunde
3.	le loro amiche	___ C	eure Freundin
4.	il loro amico	___ D	eure Freundinnen
5.	i vostri amici	___ E	ihr Freund
6.	il vostro amico	___ F	ihre Freundin
7.	i loro amici	___ G	euer Freund
8.	la vostra amica	___ H	ihre Freundinnen

8 Das Possessivpronomen

Das Possessivpronomen (**mio**, **mia**, usw.) richtet sich nicht nach dem Subjekt (derjenige, dem etwas gehört). Die Endung des Possessivpronomens richtet sich vielmehr - in Geschlecht und Zahl - nach dem Besitzobjekt (was besessen wird), z. B.: la mi**a** amic**a**, il mi**o** amic**o**, le mi**e** amich**e**, i mie**i** amic**i**

	Besitzobjekt Singular		**Besitzobjekt Plural**	
	weiblich	*männlich*	*weiblich*	*männlich*
1. Pers. Sing.	la mia	il mio	le mie	i miei
2. Pers. Sing.	la tua	il tuo	le tue	i tuoi
3. Pers. Sing.	la sua	il suo	le sue	i suoi
Anrede	la Sua	il Suo	le Sue	i Suoi
1. Pers. Plur.	la nostra	il nostro	le nostre	i nostri
2. Pers. Plur.	la vostra	il vostro	le vostre	i vostri
3. Pers. Plur.	la loro	il loro	le loro	i loro

Loro ist unveränderlich:
il loro amico, la loro amica, i loro amici, le loro amiche.

!

Bei Verwandtschaftsbezeichnungen wird das Possessivpronomen im Singular ohne Artikel verwendet, z. B.: mia zia (*meine Tante*). Sonst wird das Possessivpronomen immer vom Artikel begleitet, z. B. *la sua libreria, il tuo lavoro.*

LÖSUNGEN:

a) **1.** le mie, **2.** i tuoi, **3.** il suo, **4.** le nostre, **5.** la vostra, **6.** i loro; b) **1.** d, **2.** f, **3.** h, **4.** e, **5.** b, **6.** g, **7.** a, **8.** c

9 Ecco la mia famiglia

a Verbinden Sie die italienischen Verwandtschaftsbezeichnungen mit der deutschen Übersetzung. Tragen Sie jeweils die maskuline bzw. feminine Entsprechung ein .*

1. la figlia, ____________	**A** der Bruder
2. lo zio, ____________	**B** die Schwieger-mutter
3. la madre, ____________	**C** der Opa
4. il fratello, ____________	**D** der Onkel
5. il nonno, ____________	**E** die Mutter
6. la suocera, ____________	**F** der Neffe
7. il nipote, ____________	**G** die Tochter

b Ergänzen Sie den Lückentext.**

1. Io e mio ____________ siamo i figli dei miei genitori.

2. Il figlio di mia sorella è mio ____________.

3. La figlia di mia zia è mia ____________.

4. Il padre di mio marito è mio ____________.

5. La sorella di mia moglie è mia ____________.

6. Michele ed io siamo ____________ *(Geschwister)*.

7. Il fratello di mio padre è mio ____________.

9 Die Verwandtschaft

la famiglia	*die Familie*
i parenti	*die Verwandten*
i genitori	*die Eltern*
i figli	*die Kinder*
il padre, la madre	*der Vater, die Mutter*
il figlio, la figlia	*der Sohn, die Tochter*
il fratello, la sorella	*der Bruder, die Schwester*
i fratelli	*die Geschwister*
il nonno, la nonna	*der Opa, die Oma*
il bisnonno, la bisnonna	*der Uropa, die Uroma*
lo zio, la zia	*der Onkel, die Tante*
il cugino, la cugina	*der Cousin, die Cousine*
il nipote, la nipote	*der Neffe/der Enkel, die Nichte/die Enkelin*
i suoceri	*die Schwiegereltern*
il cognato, la cognata	*der Schwager, die Schwägerin*
il genero	*der Schwiegersohn*
la nuora	*die Schwiegertochter*

Das Wort **suocera** dient im Italienischen auch als milde Beleidigung für eine pedantische oder autoritäre Person – egal ob Mann oder Frau:
Sei proprio una suocera!
Du bist ja eine echte Schwiegermutter!

LÖSUNGEN:

a) **1.** g, **2.** d, **3.** e, **4.** a, **5.** c, **6.** b, **7.** f; b) **1.** fratello, **2.** nipote, **3.** cugina, **4.** suocero, **5.** cognata, **6.** fratelli, **7.** zio

10 Chi è quel ragazzo?

a Ergänzen Sie die Sätze mit der korrekten Form von **questo**.*

1. ______ sono i miei cugini.

2. ______ è mia madre.

3. ______ è mio fratello Dino.

4. ______ sono le mie amiche.

b Setzen Sie die korrekte Form von **quello** ein.**

quello - quella - quel - quei - quelle

1. Chi è ______________ ragazzo là? È Paolo.
2. Vedi ______________ ragazze? Sono le mie sorelle.
3. ______________ donna con i capelli scuri è mia zia.
4. ______________ due ragazzi biondi sono i miei nipoti.
5. ______________ là è mio fratello Livio.

10 Die Demonstrativpronomen *questo* und *quello*

Die Demonstrativpronomen **questo/a** *(dieser/diese)* und **quello/a** *(jener/jene)* können, je nach Funktion, Stellvertreter – **Questo è il mio amico Enrico** *(Das ist mein Freund Enrico)* – oder Begleiter – **Questo ragazzo è Enrico** *(Dieser Junge ist Enrico)* – sein.

	Singular		**Plural**	
	weiblich	**männlich**	**weiblich**	**männlich**
Stellvertreter	questa	questo	queste	questi
Begleiter	questa casa	questo caffè	queste case	questi caffè
Stellvertreter	quella	quello	quelle	quelli
Begleiter vor Konsonant	quella casa	quel caffè	quelle case	quei caffè
Begleiter vor s + Kons. oder vor z, gn, pn, ps, x		quello zio		quegli zii
Begleiter vor Vokal	quell'amica	quell'amico	quelle amiche	quegli amici

LÖSUNGEN:

a) **1.** questi, **2.** questa, **3.** questo, **4.** queste; b) **1.** quel, **2.** quelle, **3.** quello, **4.** quei, **5.** quello

11 Le nozze all'italiana

a Suchen Sie in der Wortschlange 6 versteckte Wörter zum Thema Ehe .*

uroncelibeanmbnozzeliadivorziatolenarsposaidrlnubilespecoppla

1. ______.
2. ______.
3. ______.
4. ______.
5. ______.
6. ______.

b Ordnen Sie den Wörtern ihre deutsche Entsprechung zu.*

1.	lo sposo	___	**A** die Hochzeitsreise
2.	fidanzato	___	**B** ledig
3.	sposato	___	**C** der Bräutigam
4.	il viaggio di nozze	___	**D** geschieden
5.	gli sposi	___	**E** das Brautpaar
6.	divorziato	___	**F** verlobt
7.	celibe	___	**G** die Hochzeit, die Ehe
8.	il matrimonio	___	**H** verheiratet

11 Hochzeit und Familienstand

Italiener stellen ihren festen Freund bzw. ihre feste Freundin mit il **mio ragazzo** *(mein Freund)* bzw. **la mia ragazza** *(meine Freundin)* vor.

Wenn man schon länger mit dieser Person liiert ist, so wird diese auch als **il mio fidanzato** *(mein Verlobter)* bzw. **la mia fidanzata** *(meine Verlobte)* präsentiert – auch wenn sie nicht offiziell verlobt sind.

Mit dem Ausruf **Viva gli sposi!** *(Es lebe das Brautpaar!)* lässt man das Brautpaar bei der Hochzeit hochleben.

ABC

Insieme o no?	*Zusammen oder nicht?*
essere celibe	*ledig sein (Mann)*
essere nubile	*ledig sein (Frau)*
essere fidanzato/a	*verlobt sein, in einer Beziehung sein*
essere sposato/a	*verheiratet sein*
essere divorziato/a	*geschieden sein*
le nozze	*Hochzeit*
il matrimonio	*Ehe, Trauung*
la sposa, lo sposo	*die Braut, der Bräutigam*
la coppia/gli sposi	*das Paar/das Brautpaar*

LÖSUNGEN:

a) **1.** celibe, **2.** nozze, **3.** divorziato, **4.** sposo, **5.** nubile, **6.** coppia; b) **1.** c, **2.** f, **3.** h, **4.** a, **5.** e , **6.** d, **7.** b, **8.** g

12 Un po' di pronuncia

In welchem der folgenden Wörter werden **c** bzw. **g** hart, und in welchen werden sie weich ausgesprochen? Tragen Sie die Wörter in die entsprechende Spalte der Tabelle ein.*

1. **Ge**nova	2. **ce**nto	3. ra**ga**zza
4. ami**ci**	5. **chi**amarsi	6. **ca**ffè
7. Lec**ce**	8. cu**gi**no	9. buon**gi**orno
10. ami**che**	11. **ge**ntile	12. Ambur**go**
13. **ca**stano	14. Un**ghe**ria	15. gnoc**chi**

harter Laut	weicher Laut

12 Die Aussprache von *c* und *g*

Vor **a, o** und **u** werden **c** und **g** hart gesprochen, z. B.:
ra**ga**zza, ami**co**, **cu**ra

Vor **e** und **i** wird **c** stimmlos (wie **tsch**) und **g** stimmhaft (wie **dsch**) gesprochen, z. B.:
cento, **ci**ao bzw. intelli**ge**nte, **gi**ro

Steht vor dem **e** oder dem **i** ein **h**, so werden **c** und **g** hart ausgesprochen, z. B.:
spa**ghe**tti, oc**chi**ali

Kennen Sie schon den Unterschied zwischen **buongiorno** und **buona giornata**?

Mit **buongiorno** *(guten Tag)* begrüßen Sie eine Person, **buona giornata** *(einen schönen Tag)* sagen Sie, um jemandem einen schönen Tag zu wünschen.

Dasselbe gilt für **buona sera** *(guten Abend)* und **buona serata** *(einen schönen Abend)*.

LÖSUNGEN:
harter Laut: 3., 5., 6., 10., 12., 13., 14., 15., **weicher Laut:** 1., 2., 4., 7., 8., 9., 11.

13 Ci vediamo dopo?

Welche Frage bzw. welche Antwort passt? Kreuzen Sie an.*

1. Sie möchten mit jemandem ins Kino gehen
   - ☐ **A** È bello il cinema?
   - ☐ **B** Hai voglia di andare al cinema?

2. Sie fragen, um wie viel Uhr man sich trifft.
   - ☐ **A** A che ora ci vediamo?
   - ☐ **B** Che ore sono?

3. Sie möchten wissen, ob es am Montagvormittag passt.
   - ☐ **A** Va bene lunedì mattina?
   - ☐ **B** Puoi venire lunedì pomeriggio?

4. Sie möchten wissen, ob jemand ins Café mitkommen kann.
   - ☐ **A** A che ora andiamo al bar?
   - ☐ **B** Puoi venire al bar con noi?

5. Sie antworten, dass Sie heute leider keine Zeit haben.
   - ☐ **A** No, oggi non ne ho voglia.
   - ☐ **B** Mi dispiace, oggi non ho tempo.

13 Sich verabreden

Um **sich** mit jemandem zu **verabreden** sagen Sie:

Ci vediamo stasera?	*Sehen wir uns heute Abend?*
Andiamo al cinema?	*Gehen wir ins Kino?*
Hai voglia di andare in piscina?	*Hast du Lust, ins Schwimmbad zu gehen?*
Perché non andiamo a teatro?	*Warum gehen wir nicht ins Theater?*

Und so können Sie auf einen solchen **Vorschlag antworten**:

Sì, volentieri.	*Ja, gerne.*
Va bene.	*In Ordnung.*
Non ne ho tanta voglia.	*Ich habe nicht so viel Lust.*
Mi dispiace, non ho tempo.	*Tut mir leid, ich habe keine Zeit.*
Sarà per un'altra volta.	*Vielleicht klappt es ein anderes Mal.*

Um einen Zeitpunkt zu vereinbaren, können Sie fragen:

A che ora (ci vediamo)?
Um wie viel Uhr (sehen wir uns)?

Oder Sie schlagen eine Uhrzeit vor:
(Ti) va bene alle nove?
Ist 9 Uhr o. k. (für dich)?

LÖSUNGEN:
1. b, 2. a, 3. a, 4. b, 5. b

14 Quest'anno non vado in ferie

a In der folgenden Satzschlange sind die Leerzeichen und die Punkte zwischen den Sätzen verloren gegangen. Wie heißen die Sätze korrekt?*

dopodomanivadoinitaliaquest'annononvadoinferiedomanivedoilmioamicopaolobiancavasempreinmacchinaalbertononvienemaialbarconnoilovedoognitanto

1. ______________________________.
2. ______________________________.
3. ______________________________.
4. ______________________________.
5. ______________________________.
6. ______________________________.

b Ordnen Sie den Wörtern ihre deutsche Entsprechung zu.*

1. l'altro ieri	___	**A**	oft
2. ogni tanto	___	**B**	vorgestern
3. a volte	___	**C**	ab und zu
4. spesso	___	**D**	immer
5. sempre	___	**E**	manchmal

14 Die Zeitadverbien

Zeitadverbien stehen meistens am **Satzanfang** oder am **Satzende**.

Vado al cinema stasera.	*Ich gehe heute Abend ins Kino.*
Oggi non lavoro.	*Ich arbeite heute nicht.*

Sie können aber auch **nach dem Verb** stehen:

Vado spesso in montagna.	*Ich gehe oft in die Berge.*

Das Zeitadverb **non ... mai** (nie) ist zweigeteilt. Hier steht **non** vor und **mai** nach dem Verb.

Non vado mai al cinema.	*Ich gehe nie ins Kino.*

ABC

Hier finden Sie die wichtigsten Zeitadverbien:

oggi	*heute*	la settimana scorsa	*letzte Woche*
domani	*morgen*	il mese scorso	*letzten Monat*
dopodomani	*übermorgen*	l'anno scorso	*letztes Jahr*
ieri	*gestern*	sempre	*immer*
l'altro ieri	*vorgestern*	non ... mai	*nie*
questa settimana	*diese Woche*	spesso	*oft*
questo mese	*diesen Monat*	ogni tanto	*ab und zu*
quest'anno	*dieses Jahr*	a volte	*manchmal*

LÖSUNGEN:

a) **1.** Dopodomani vado in Italia. **2.** Quest'anno non vado in ferie. **3.** Domani vedo il mio amico Paolo. 4. Bianca va sempre in macchina. **5.** Alberto non viene mai al bar con noi. **6.** Lo vedo ogni tanto. b) **1.** b, **2.** c, **3.** e, **4.** a, **5.** d

15 È festa oggi!

a Wie sagt man zu welchem Anlass? *

1. Cento di questi giorni! ___ **A** Ostern
2. Viva gli sposi! ___ **B** Neujahr
3. Buon Natale! ___ **C** Geburtstag
4. Felice Anno Nuovo! ___ **D** Hochzeit
5. Buona Pasqua! ___ **E** Weihnachten

b Setzen Sie die folgenden Begriffe in die entsprechenden Lücken ein.**

Ferragosto - marzo - festa - Silvestro - papà - Natale

1. Il 19 marzo i bambini fanno un regalo ai loro ______________ .
2. La seconda domenica di maggio è la ______________ della mamma.
3. ______________ si festeggia il 24 e 25 dicembre.
4. L'8 ______________ è la festa della donna.
5. La notte di San ______________ si festeggia l'arrivo dell'anno nuovo.
6. Il 15 agosto - a ______________ - quasi tutti gli italiani sono in ferie.

15 Feiertage in Italien

Die wichtigsten Feiertage in Italien:

1. Januar	Capodanno	*Neujahr*
6. Januar	Epifania	*Heilige Drei Könige*
	Pasqua	*Ostern*
	Lunedì di Pasqua	*Ostermontag*
25. April	Anniversario della Liberazione	*Tag der Befreiung Italiens*
	Pentecoste	*Pfingsten*
2. Juni	Festa della Repubblica	*Nationalfeiertag*
15. August	Ferragosto	*Maria Himmelfahrt*
1. November	Ognissanti	*Allerheiligen*
8. Dezember	Immacolata Concezione	*Maria Empfängnis*
25. Dezember	Natale	*1. Weihnachtsfeiertag*
26. Dezember	Santo Stefano	*2. Weihnachtsfeiertag*

Am 6. Januar, im Volksmund **Befana**, gibt es Geschenke für die Kinder. Am Vorabend werden Strümpfe in den Kamin gehängt oder Schuhe aufgestellt. In der Nacht kommt dann die **Befana** – eine Hexe, die den braven Kindern Süßigkeiten und Geschenke bringt, den bösen Kindern Kohle. Es handelt sich allerdings um **carbone dolce**, *süße Kohle.*

LÖSUNGEN:

a) **1.** c, **2.** d, **3.** e, **4.** b, **5.** a, b) **1.** papà, **2.** festa, **3.** Natale, **4.** marzo, **5.** Silvestro, **6.** Ferragosto

16 Non mi piace

a Verneinen Sie die folgenden Sätze:*

1. Quella ragazza là mi piace.

______________________________.

2. Federico vive in Italia.

______________________________.

3. Maria è una bella ragazza.

______________________________.

4. Sono francese.

______________________________.

5. Lucia viene dall'Italia del sud.

______________________________.

6. Ho voglia di andare al cinema oggi.

______________________________.

b Ergänzen Sie die Antworten zu den Fragen.**

1. Hai voglia di andare al cinema?

No, ______________________ voglia.

2. Sei tedesco?

No, ______________________ tedesco.

3. Vieni dalla Germania?

No, ______________________ dalla Germania.

16 Die Verneinung

Die einfachste Form der Verneinung im Italienischen ist das **no**, das man oft wiederholt benutzt:
Ti sei fatto male? - No (no).
Hast du dir Weh getan? - Nein.

Ein Satz kann auch verneint werden, indem dem konjugierten Verb ein **non** vorangestellt wird.

Non ho voglia.	*Ich habe keine Lust.*
Non vado a casa adesso.	*Ich gehe jetzt nicht nach Hause.*

!

Ein dem Aussagesatz nachgestelltes **no** steht nicht für eine Verneinung sondern bedeutet *nicht wahr?/oder?*.

Quella ragazza là è Clara, no?	*Das Mädchen dort ist Clara, oder?*

No kann auch im folgenden Kontext verwendet werden:

Vieni con me o no?	*Kommst du mit mir oder nicht?*
Sbrigati, se no arriviamo tardi.	*Beeile dich, wir kommen sonst zu spät.*

LÖSUNGEN:

a) **1.** Quella ragazza là non mi piace. **2.** Federico non vive in Italia. **3.** Maria non è una bella ragazza. **4.** Non sono francese. **5.** Lucia non viene dall'Italia del Sud. **6.** Non ho voglia di andare al cinema oggi. b) **1.** non ho, **2.** non sono, **3.** non vengo

17 Quanti anni hai?

a Welcher Satz passt? Kreuzen Sie an.*

1. Sie möchten einer Person zum Geburtstag gratulieren.
- ☐ **A** Ma quanto sei vecchio!
- ☐ **B** Quanti anni hai?
- ☐ **C** Tanti auguri!

2. Sie möchten wissen, wie alt jemand ist.
- ☐ **A** Quanti anni hai?
- ☐ **B** Quando sei nato/nata?
- ☐ **C** Quando è Natale?

b Die folgenden Sätze sind durcheinandergeraten.
Bringen Sie sie in die richtige Reihenfolge. **

1. anni - Sara - ventitré - ha.

______________________________.

2. in - Paolo - gli anni - agosto - compie

______________________________.

3. Nel - nata - è - Cristina - 1970.

______________________________.

4. compleanno - il - è - mio - 23 giugno - il.

______________________________.

17 Zahlen und Alter

1	uno	**11**	undici	**21**	ventuno	**31**	trentuno
2	due	**12**	dodici	**22**	ventidue	**32**	trentadue
3	tre	**13**	tredici	**23**	ventitrè	**38**	trentotto
4	quattro	**14**	quattordici	**24**	ventiquattro	**40**	quaranta
5	cinque	**15**	quindici	**25**	venticinque	**50**	cinquanta
6	sei	**16**	sedici	**26**	ventisei	**60**	sessanta
7	sette	**17**	diciassette	**27**	ventisette	**70**	settanta
8	otto	**18**	diciotto	**28**	ventotto	**80**	ottanta
9	nove	**19**	diciannove	**29**	ventinove	**90**	novanta
10	dieci	**20**	venti	**30**	trenta	**100**	cento

ABC

Wenn Sie über *das Alter* (**l'età**) sprechen, können Sie folgende Sätze verwenden:

Quanti anni ha/hai?	*Wie alt sind Sie/bist du?*
Ho trentacinque anni.	*Ich bin 35 Jahre alt.*
Quando compie/compi gli anni?	*Wann haben Sie/hast du Geburtstag?*
Il mio compleanno è il 20 marzo.	*Ich habe am 20. März Geburtstag.*
Buon compleanno!	*Alles Gute zum Geburtstag!*
Tanti auguri!	*Herzlichen Glückwunsch!*

LÖSUNGEN:

a) **1.** c, **2.** a, b) **1.** Sara ha ventitré anni. **2.** Paolo compie gli anni in agosto **3.** Cristina è nata nel 1970. **4.** Il mio compleanno è il 23 giugno.

18 Che ora è?

Vervollständigen Sie die Uhrzeit unter den Bildern.**

1. Sono le ______________________.

2. Sono le ______________________

3. È ______________________.

4. Sono le ______________________

5. Sono le ______________________.

6. È ______________________

18 Die Uhrzeit

Die Uhrzeit wird im Italienischen in der Regel durch die Wendung **sono le** + **Uhrzeit** angegeben:

Sono le tre.	*Es ist drei Uhr.*
Sono le nove in punto.	*Es ist genau 9 Uhr.*

Ausnahme:
È l'una. *Es ist ein Uhr.*

Um auszudrücken, dass etwas um eine bestimmte Uhrzeit geschieht, wird **alle** + **Uhrzeit** verwendet:

Vado a casa alle sei.	*Ich gehe um sechs Uhr nach Hause.*

Die **Minuten** bis einschließlich der Neununddreißigsten werden zur vollen Stunde addiert:

Sono le undici e trentacinque.	*Es ist 11.35 Uhr.*
Sono le dieci e un quarto.	*Es ist 10.15 Uhr/22.15 Uhr.*

Ab der vierzigsten Minute werden sie von der nächsten vollen Stunde abgezogen:

Sono le quattro meno venti.	*Es ist 15.40 Uhr.*
Sono le due meno un quarto.	*Es ist 1.45 Uhr/13.45 Uhr.*

LÖSUNGEN:

1. tre e un quarto, **2.** dieci meno un quarto/nove e tre quarti, **3.** l'una, **4.** sei e mezzo/mezza, **5**. otto e trentacinque, **6.** l'una meno venti/mezzogiorno e quaranta

19 Ecco la mia casa

a Welche Räume sehen Sie auf den Fotos? Beschriften Sie die Bilder.*

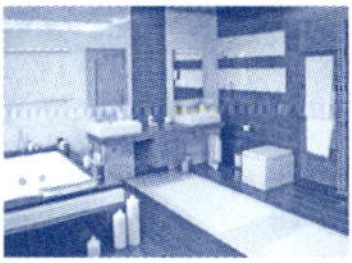

1. ______________ **2.** ______________ **3.** ______________

b Ergänzen Sie die Sätze.*

bagno - letto matrimoniale - pianterreno - soggiorno - vista - pranzo - giardino

1. Dietro la casa c'è un bel ______________ .
2. Il soggiorno ha una bellissima ______________ sul mare.
3. Nella camera da letto c'è un ______________ .
4. Nel ______________ c'è un divano letto.
5. La cucina si trova al ______________ .
6. Nel ______________ c'è anche la cabina doccia.
7. C'è una terrazza davanti alla sala da ______________ .

19 Das Haus und seine Räume

Die folgenden Wörter helfen Ihnen, sich im Haus zu orientieren:

il soggiorno	*Wohnzimmer*	il balcone	*Balkon*
la sala da pranzo	*Esszimmer*	il garage	*Garage*
la camera da letto	*Schlafzimmer*	la vasca da bagno	*Badewanne*
il bagno	*Badezimmer*	la doccia	*Dusche*
la cucina	*Küche*	il water	*Toilette*
la soffitta	*Dachboden*	la finestra	*Fenster*
la cantina	*Keller*	la porta	*Tür*
il giardino	*Garten*	il pianterreno	*Erdgeschoss*
la terrazza	*Terrasse*	il primo piano	*erstes Stockwerk*

Wenn ein Italiener Sie fragt: **Dov'è il bagno?,** so möchte er in der Regel kein Bad nehmen, sondern er sucht Ihre Toilette.

Die **cantina** ist im Italienischen nicht etwa die Kantine sondern der Keller.
Wenn Sie wissen wollen, auf welcher Etage sich etwas befindet, so fragen Sie:

A che piano si trova il bagno? *In welchem Stockwerk ist das Bad?*

LÖSUNGEN:

a) **1.** la camera da letto, **2.** il bagno, **3.** il soggiorno; b) **1.** giardino, **2.** vista, **3.** letto matrimoniale, **4.** soggiorno, **5.** pianterreno, **6.** bagno, **7.** pranzo

20 Il condizionale

a Ordnen Sie die Formen des Konditionals von andare (gehen) den entsprechenden Pronomen zu.*

1. io	___	**A**	andrebbe
2. tu	___	**B**	andremmo
3. lui/lei/Lei	___	**C**	andreste
4. noi	___	**D**	andrebbero
5. voi	___	**E**	andrei
6. loro	___	**F**	andresti

b Setzen Sie die korrekte Konditionalform in die Lücke ein. Die Übersetzung soll Ihnen die Aufgabe erleichtern.**

1. Noi ci (andare) ________________ volentieri.
Wir würden gerne dort hingehen.

2. Ti (andare) ________________ bene andare al bar?
Wäre es für dich o. k., in die Bar zu gehen?

3. Mi (tu, fare) ________________ un favore?
Würdest Du mir einen Gefallen tun?

4. Mi (piacere) ________________ andare al mare.
Es würde mir gefallen, ans Meer zu fahren.

20 Das Konditional

Das Konditional wird verwendet, um eine Möglichkeit auszudrücken oder auch, um einen Wunsch oder eine Bitte höflich zu äußern.

Mi piacerebbe andare a teatro.	*Ich würde gerne ins Theater gehen.*
Mi faresti un favore?	*Würdest Du mir einen Gefallen tun?*

	presentare *(vorstellen)*	**leggere** *(lesen)*	**sentire** *(hören)*
io	present**erei**	legg**erei**	sent**irei**
tu	present**eresti**	legg**eresti**	sent**iresti**
lui, lei, Lei	present**erebbe**	legg**erebbe**	sent**irebbe**
noi	present**eremmo**	legg**eremmo**	sent**iremmo**
voi	present**ereste**	legg**ereste**	sent**ireste**
loro	present**erebbero**	legg**erebbero**	sent**irebbero**

In der 3. Person Plural liegt die Betonung stets auf dem ersten **e** der Endung **ebbero**.

Die 1. Person Plural des Konditionals ist leicht mit der 1. Person Plural des Futurs zu verwechseln. Beachten Sie die Schreibweise:
Konditional: andr**emmo** Futur: andr**emo**.

LÖSUNGEN:

a) **1.** e, **2.** f, **3.** a, **4.** b, **5.** c, **6.** d; b) **1.** andremmo, **2.** andrebbe, **3.** faresti, **4.** piacerebbe

21 Vorremmo pagare, per favore

Sie wollen sich möglichst höflich ausdrücken. Welche Frage bzw. welche Aussage passt? Kreuzen Sie an.*

1. Sie möchten in der Bar einen Kaffee bestellen.
- ☐ **A** Voglio un caffè.
- ☐ **B** Vorrei un caffè.
- ☐ **C** Un caffè per me!

2. Sie bitten einen Freund, Ihnen das Wasser zu reichen.
- ☐ **A** Mi potresti passare l'acqua?
- ☐ **B** Passami l'acqua!
- ☐ **C** Mi puoi passare l'acqua?

3. Sie und Ihre Freundin möchten im Restaurant bezahlen.
- ☐ **A** Vogliamo pagare.
- ☐ **B** Il conto, per favore!
- ☐ **C** Vorremmo il conto, per favore.

4. Sie fragen Ihre Bekannten, ob sie mit Ihnen kommen können.
- ☐ **A** Potreste venire con me?
- ☐ **B** Venite con me, per favore.
- ☐ **C** Vorreste venire con me?

21 Wünsche äußern

Um einen Wunsch auszudrücken oder um eine Bitte höflich zu äußern, verwenden Sie die Konditionalformen von **volere** *(wollen)* bzw. **potere** *(können)*.

Vorrei andare al cinema con te.	*Ich möchte gerne mit dir ins Kino gehen.*
Mi potresti passare il pane?	*Könntest du mir das Brot reichen?*

	volere *(wollen)*	**potere** *(können)*
io	vorrei	potrei
tu	vorresti	potresti
lui, lei, Lei	vorrebbe	potrebbe
noi	vorremmo	potremmo
voi	vorreste	potreste
loro	vorrebbero	potrebbero

Bei einer Bestellung im Restaurant oder in der Bar verwenden Sie stets die Konditionalform von **volere**:
Vorrei una birra, per favore
Ich möchte gerne ein Bier.

LÖSUNGEN:
1. b, **2.** a, **3.** c, **4.** a

22 C'è o ci sono?

Welche Form für *es gibt* ist korrekt – **c'è** oder **ci sono**?*

1. In camera **c'è/ci sono** un televisore.
2. Nell'appartamento **c'è/ci sono** due letti matrimoniali.
3. Nel soggiorno **c'è/ci sono** un divano-letto.
4. Nella sala da pranzo non **c'è/ci sono** il telefono.
5. **C'è/ci sono** la lavatrice?
6. **C'è/ci sono** problemi per il parcheggio?
7. **C'è/ci sono** anche la vasca da bagno?
8. Nel giardino **c'è/ci sono** degli alberi molto grandi.
9. **C'è/ci** sono il riscaldamento centralizzato?
10. In cantina **c'è/ci sono** molti topi.
11. Davanti al soggiorno **c'è/ci sono** la terrazza.
12. **C'è/ci sono** anche la soffitta.
13. **C'è/ci** sono una doccia al primo piano?

GRAMMATIK

22 *C'è, ci sono* – es gibt

Die deutsche Wendung **es gibt** wird im Italienischen mit **ci** + **essere** übersetzt. Dabei richtet sich die Form nach dem Substantiv, das folgt:

Steht das nachfolgende Substantiv im Singular, so lautet die Form **c'è**, steht es im Plural, verwendet man **ci sono**.

C'è un giardino dietro la casa. — *Es gibt einen Garten hinter dem Haus.*
Ci sono due bagni. — *Es gibt zwei Bäder.*

ABC

Einige Redewendungen mit **c'è**:

Non c'è male.	*Es geht.* (Auf die Frage Come va?)
Non c'è di che.	*Keine Ursache.*
Che c'è di nuovo?	*Was gibt es Neues?*
Non c'è problema.	*Kein Problem.*
Che cosa c'è?	*Was ist los?*
Non c'è due senza tre.	*Aller guten Dinge sind drei.*

Um mitzuteilen, dass eine bestimmte Person nicht anwesend ist, sagen Sie:
Laura non c'è. — *Laura ist nicht da.*

LÖSUNGEN:

1. c'è, **2.** ci sono, **3.** c'è, **4.** c'è, **5.** c'è, **6.** ci sono, **7.** c'è, **8.** ci sono, **9.** c'è, **10.** ci sono, **11.** c'è, **12.** c'è, **13.** c'è

23 L'arredamento

a Finden Sie in der Wortschlange 10 Einrichtungsgegenstände.*

labtelevisorealmllettosubradioladllibreriasnoarmadiolusetappetomalvlampadasodivanorelpsscrivanialumprlavatricefeno

1. ______________________ **6.** ______________________

2. ______________________ **7.** ______________________

3. ______________________ **8.** ______________________

4. ______________________ **9.** ______________________

5. ______________________ **10.** ______________________

b Was sehen Sie auf den Fotos? Beschriften Sie die Bilder.*

1. ______________ **2.** ______________ **3.** ______________

23 Die Wohnungseinrichtung

Beim Einkauf im Einrichtungshaus helfen Ihnen vielleicht die folgenden Wörter weiter:

ABC

L'arredamento	*Die Einrichtung*		
il divano	*Sofa*	la radio	*Radio*
il divano-letto	*Schlafsofa*	il televisore	*Fernsehgerät*

!

Für das deutsche Wort Tisch gibt es im Italienischen sowohl den Begriff **il tavolo** (der Tisch als Möbelstück) als auch **la tavola** (der Esstisch, die gedeckte Tafel).

apparecchiare la tavola	*den Tisch decken*
mettersi a tavola	*sich an den Tisch setzen*
A tavola!	*Zu Tisch!*

LÖSUNGEN:

a) **1.** televisore, **2.** letto, **3.** radio, **4.** libreria, **5.** armadio, **6.** tappeto, **7.** lampada, **8.** divano, **9.** scrivania, **10.** lavatrice; b) **1.** il letto, **2.** il tavolo, **3.** la sedia

24 Questa casa è più bella

a Ergänzen Sie die Lücken mit der entsprechenden Komparativform.*

1. La cucina è ______ ____________ *(kleiner)* del soggiorno.

2. Il soggiorno è ______ ____________ *(größer)* della sala da pranzo.

3. Elisabetta è ______ ____________ ______ *(größer als)* me.

4. Mestre è ______ ____________ ______ *(weniger schön als)* Venezia.

5. Franco è ______ ____________ ______ *(weniger freundlich als)* Enrico.

b Ordnen Sie die Komparative und Superlative ihren Übersetzungen zu.*

1. Questa per me è la casa più bella.

2. Questa casa è più bella di quella.

3. Io la trovo meno bella.

4. Secondo me invece è questa la più bella.

___ **A** Meiner Meinung nach ist dagegen dieses das schönste.

___ **B** Das ist für mich das schönste Haus.

___ **C** Dieses Haus ist schöner als das hier.

___ **D** Ich finde es weniger schön.

24 Die Steigerung des Adjektivs

Der **Komparativ** wird im Italienischen mit **più di** bzw. **meno di** gebildet.

Venezia è **più** bella **di** Mestre.
Venedig ist schöner als Mestre.
Verona è **meno** grande **di** Roma.
Verona ist weniger groß als Rom.

Der **Superlativ** wird gebildet, indem der Komparativ durch den bestimmten Artikel begleitet wird.
Venezia è **la più bella** città **d'**Italia.
Venezia è **la** città **più bella d'**Italia.
Venedig ist die schönste Stadt Italiens.

Der absolute Superlativ wird gebildet, indem man die Endung **-issimo** an das um den Endvokal gekürzte Adjektiv anhängt.

bellissimo	*wunderschön*
freddissimo	*eiskalt*
italianissimo	*durch und durch italienisch*
pesantissimo	*bleischwer*

LÖSUNGEN:

a) **1.** più piccola, **2.** più grande, **3.** più alt[illegible] di, **4.** meno bella di, **5.** meno gentile di; b) **1.** b, **2.** c, **3.** d, **4.** a

25 Mi scusi, cerco l'ospedale

a In der folgenden Wegbeschreibung sind die Leerzeichen und die Satzzeichen verloren gegangen. Wie lauten die Sätze korrekt?*

miscusicercol'ospedaleperandareallo
spedalevasempredrittopoidevegirarea
sinistradoposeguesemprelastradapass
adavantiallafarmaciadifronteallafarma
ciacèlospedale

1. ______________________________.
2. ______________________________.
3. ______________________________.
4. ______________________________.
5. ______________________________.
6. ______________________________.

b Ordnen Sie die folgenden Begriffe ihrer deutschen Übersetzung zu.*

1. sempre dritto	___	**A**	der Straße folgen
2. girare a sinistra	___	**B**	gegenüber
3. seguire la strada	___	**C**	geradeaus
4. girare a destra	___	**D**	links abbiegen
5. di fronte a	___	**E**	rechts abbiegen

25 Nach dem Weg fragen

So **fragen** Sie **nach dem Weg**:
Scusi, mi sa dire come arrivare al Colosseo?
Entschuldigung, können Sie mir sagen, wie ich zum Kolosseum komme?
Scusa, mi puoi dire dov'è l'Arena?
Entschuldige, kannst du mir sagen, wo die Arena ist?

Und so können Sie einen **Weg beschreiben**:
Per andare al Colosseo, va sempre dritto.
Zum Kolosseum gehen Sie immer geradeaus.
L'Arena si trova in centro.
Die Arena ist im Zentrum.

ABC

Einige nützliche Ausdrücke, um den **Weg zu beschreiben:**

girare a destra	*rechts abbiegen*	le strisce pedonali	*Zebrastreifen*
girare a sinistra	*links abbiegen*	di fronte a	*gegenüber*
sempre dritto	*geradeaus*	dietro	*hinter*
la strada	*Straße*	davanti a	*vor*
l'incrocio	*Kreuzung*	attraversare	*überqueren*
il semaforo	*Ampel*	fino a	*bis*

LÖSUNGEN:

a) **1.** Mi scusi, cerco l'ospedale. **2.** Per andare all'ospedale va sempre dritto. **3.** Poi deve girare a sinistra. **4.** Dopo segue sempre la strada. **5.** Passa davanti alla farmacia. **6.** Di fronte alla farmacia c'è l'ospedale. b) **1.** c, **2.** d, **3.** a, **4.** e, **5.** b

26 Ancora verbi

a Ergänzen Sie die fehlenden Verbformen.*

	cercare *(suchen)*	**pagare** *(zahlen)*
io	cerco	______
tu	______	paghi
lui/lei/Lei	______	paga
noi	cerchiamo	______
voi	______	pagate
loro	cercano	______

b Setzen Sie die korrekte Verbform in die Lücke ein.**

cercate - pagano - cerchi - paghi - cerchiamo - paghiamo - cerco

1. Noi ______ l'ospedale.
2. ______ tu il conto, Anna?
3. Mi scusi, ______ il Foro Romano.
4. Oggi Paolo e Luisa ______ il conto.
5. (Tu) ______ il teatro?
6. (Noi) ______ il conto.
7. Che cosa (voi) ______?

26 Die Verben auf *-care* und *-gare*

Bei Verben auf **-care**, und **-gare** wird das **c** bzw. **g** der Endung immer als harter Laut [k] bzw. [g] gesprochen. Die 2. Person Singular **cerchi** und die 1. Person Plural **cerchiamo** erfordern deshalb ein **h** vor dem **i** der Endung.

	cercare *(suchen)*	**pagare** *(zahlen)*
io	cer**co**	pa**go**
tu	cer**chi**	pa**ghi**
lui, lei, Lei	cer**ca**	pa**ga**
noi	cer**chiamo**	pa**ghiamo**
voi	cer**cate**	pa**gate**
loro	cer**cano**	pa**gano**

Das **Forum Romanum** liegt in Rom zu Füßen des Palatinhügels und gleich neben dem Kolosseum.
Es diente zunächst als Marktplatz, doch bald wurden dort auch Tempel, Hallen und Paläste erbaut. Die Ruinen, die heute zu besichtigen sind, wurden erst Anfang des 19. Jahrhunderts bei Ausgrabungen freigelegt.

LÖSUNGEN:

a) cerchi, cerca, cercate, pago, paghiamo, pagano; b) **1.** cerchiamo, **2.** paghi, **3.** cerco, **4.** pagano, **5.** cerchi, **6.** paghiamo, **7.** cercate

27 Buon viaggio

a Haben die Begriffe etwas mit einer Zug- oder einer Autofahrt *(viaggio in treno/in macchina)* zu tun? Kreuzen Sie an.*

	A macchina	**B** treno
1. biglietteria	☐	☐
2. controllore	☐	☐
3. distributore	☐	☐
4. andata e ritorno	☐	☐
5. stazione	☐	☐
6. area servizio	☐	☐
7. pedaggio	☐	☐
8. supplemento	☐	☐

b Finden Sie die passende Antwort zu den Fragen.*

1. Vieni in macchina?	___	**A** In edicola.
2. Ti piace viaggiare in aereo?	___	**B** Alle 15:35.
3. A che ora parte il treno?	___	**C** No, in seconda.
4. Dove si comprano i biglietti?	___	**D** Il 5 e il 12.
5. Che autobus va in centro?	___	**E** No, vengo a piedi.
6. Viaggi in prima classe?	___	**F** Sì, mi piace molto.

27 Unterwegs in Italien

Linienbusse im Stadtverkehr sind in Italien meistens orangefarben, blaue Busse verbinden Städte einer Region oder auch benachbarter Regionen miteinander.

Im Zugverkehr gibt es Regionalzüge, **treni regionali**, Interregiozüge, **treni interregionali**, Expresszüge, **treni espressi**, den InterCity, den EuroCity und den **Freccia**, den italienischen Hochgeschwindigkeitszug.

In Venedig verkehren die **vaporetti**, die Linienboote der Stadt. Autobahnen sind in Italien meistens mautpflichtig, **a pedaggio**.

ABC

Buon viaggio!	*Gute Reise!*		
andare a piedi	*zu Fuß gehen*	il traghetto	*Fähre*
andare in macchina	*Auto fahren*	la stazione	*Bahnhof*
il treno	*Zug*	la fermata	*Haltestelle*
l'autobus/il bus	*Bus*	l'aeroporto	*Flughafen*
il pullman/la corriera	*Reisebus*	il porto	*Hafen*
l'aereo	*Flugzeug*	il biglietto	*Fahrkarte*

Fahrkarten für Busse und Bahnen erhalten Sie in Italien im Tabakladen, **tabaccaio**, im Kiosk, **edicola**, und manchmal an Automaten oder (in Bussen) auch beim Fahrer.

LÖSUNGEN:

a) **1.** b, **2.** b, **3.** a, **4.** b, **5.** b, **6.** a, **7.** a, **8.** b, b) **1.** e, **2.** f, **3.** b, **4.** a, **5.** d, **6.** c

28 Torna indietro!

a Bilden Sie die Imperativform der Verben.*

1. (tu) mangiare ____________ **2.** (Lei) sentire ____________

3. (Lei) lavorare ____________ **4.** (tu) aprire ____________

5. (tu) prendere ____________ **6.** (Lei) vendere ____________

b Welche Übersetzung ist korrekt? Kreuzen Sie an.**

1. Biegen Sie links ab.
- ☐ **A** Gira a sinistra.
- ☐ **B** Giri a sinistra.

2. Nehmen Sie die Straße rechts.
- ☐ **A** Prendi la strada a destra.
- ☐ **B** Prenda la strada a destra.

3. Überquere die Brücke.
- ☐ **A** Attraversi il ponte.
- ☐ **B** Attraversa il ponte.

4. Fahren Sie an der Kirche vorbei.
- ☐ **A** Passa davanti alla chiesa.
- ☐ **B** Passi davanti alla chiesa.

5. Gehen Sie geradeaus.
- ☐ **A** Vada sempre dritto.
- ☐ **B** Vai sempre dritto.

6. Drehe um.
- ☐ **A** Torni indietro.
- ☐ **B** Torna indietro.

7. Entschuldigen Sie!
- ☐ **A** Scusami!
- ☐ **B** Mi scusi!

8. Halte an der Ampel an.
- ☐ **A** Fermati al semaforo.
- ☐ **B** Si fermi al semaforo.

28 Der Imperativ

Imperativformen gibt es für die 2. und 3. Person Singular, sowie für die 1., 2. und 3. Person Plural.

	girare *(abbiegen)*	**prendere** *(nehmen)*	**sentire** *(hören)*
tu	Gir**a**!	Prend**i**!	Sent**i**!
Lei	Gir**i**!	Prend**a**!	Sent**a**!
noi	Gir**iamo**!	Prend**iamo**!	Sent**iamo**!
voi	Gir**ate**!	Prend**ete**!	Sent**ite**!
loro	Gir**ino**!	Prend**ano**!	Sent**ano**!

!

Der verneinte Imperativ wird in der 2. Person Singular mit non + Infinitiv gebildet:

Non fumare! *Rauche nicht!*

Bei allen anderen Personen erfolgt die Verneinung mit non + der entsprechenden Imperativform:

Non fumate! *Raucht nicht!*
Non fumi! *Rauchen Sie nicht!*

LÖSUNGEN:

a) **1.** mangia! **2.** senta! **3.** lavori! **4.** apri! **5.** prendi! **6.** venda!,
b) **1.** b, **2.** b, **3.** b, **4.** b, **5.** a, **6.** b, **7.** b, **8.** a

29 Ci vuole o ci vogliono?

Welche Form für man braucht bzw. man benötigt ist korrekt – **ci vuole** oder **ci vogliono**?*

1. A piedi **ci vuole/ci vogliono** al massimo 10 minuti.
   Zu Fuß benötigt man höchstens 10 Minuten.
2. **Ci vuole/ci vogliono** forza.
   Dazu braucht man Kraft.
3. **Ci vuole/ci vogliono** un'ora in aereo.
   Mit dem Flugzeug braucht man eine Stunde.
4. Per fare il sugo, **ci vuole/ci vogliono** tre cipolle.
   Für die Sauce benötigt man drei Zwiebeln.
5. **Ci vuole/ci vogliono** dell'acqua.
   Man braucht Wasser dazu.
6. In bicicletta **ci vuole/ci vogliono** solo mezz'ora.
   Mit dem Fahrrad braucht man nur eine halbe Stunde.
7. **Ci vuole/ci vogliono** un po' di tempo.
   Man braucht ein wenig Zeit dazu.
8. Che cosa **ci vuole/ci vogliono** per preparare il risotto?
   Was benötigt man, um Risotto zuzubereiten?
9. Quanto tempo **ci vuole/ci vogliono**?
   Wie lange braucht man dazu?

29 *Volerci* - brauchen, benötigen

Der unpersönliche Ausdruck *man braucht* kann im Italienischen mit **ci vuole** bzw. **ci vogliono** übersetzt werden. **Ci vuole** wird verwendet, wenn das nachstehende Substantiv im Singular steht. Steht dieses im Plural, verwendet man **ci vogliono**.

Ci vuole del tempo.	*Man braucht Zeit.*
Ci vogliono due minuti a piedi.	*Zu Fuß braucht man zwei Minuten.*

ABC

Volere kommt in einer Vielzahl von Ausdrücken vor. Hier finden Sie einige davon:

volere bene a qualcuno	*jemanden gern haben*
volere male a qualcuno	*jemandem Böses wollen*
voler dire	*bedeuten, meinen*
Che vuoi?	*Was willst du?*
Se Dio vuole.	*So Gott will.*
Non ci vuole molto.	*Dazu gehört nicht viel.*
Ci voleva anche questa.	*Das fehlte gerade noch.*
Volere o volare.	*Wohl oder Übel.*
Volere è potere.	*Wo ein Wille ist, ist auch ein Weg.*
Chi troppo vuole, nulla stringe.	*Allzu viel ist ungesund.*
Qui ti voglio.	*Hier liegt der Hase im Pfeffer.*

LÖSUNGEN:

1. ci vogliono, **2.** ci vuole, **3.** ci vuole, **4.** ci vogliono, **5.** ci vuole, **6.** ci vuole, **7.** ci vuole, **8.** ci vuole, **9.** ci vuole

30 Non lo vedo!

a **Lo**, **la**, **li** oder **le**? Ergänzen Sie das fehlende Objektpronomen.*

1. Ecco ______________ !

2. Ecco ______________ !!

3. Ecco ______________ !

4. Ecco ______________ !

b Welches Objektpronomen fehlt? Ergänzen Sie mit **lo**, **la**, **li** und **le**.**

1. Dov'è la tua amica? Non __________ vedo.
2. L'autobus numero 5 passa adesso. Ah, ecco__________ !
3. Dove sono le nostre biciclette? Ah, ecco__________ !
4. Ti ricordi dove ho messo il dizionario? Io non __________ vedo.
5. Tra poco vedremo Piazza San Marco. Ah - ecco__________ !

30 Direkte Objektpronomen

Direkte Objektpronomen ersetzen ein Objekt im Akkusativ. Sie stehen nach Verben, die eine Ergänzung im Akkusativ erfordern (wen?/was?).

	männlich	**weiblich**
3. Person Singular	lo	la
3. Person Plural	li	le

Prendi **l'autobus**? Sì, **lo** prendo.
Nimmst du den Bus? Ja, ich nehme ihn.

Vedi **i laghi**? Sì, **li** vedo.
Siehst du die Seen? Ja, ich sehe sie.

Non mangi **la pizza**? No, non **la** mangio.
Isst du die Pizza nicht? Nein, ich esse sie nicht.

Dove sono **le nostre biciclette**? Ecco**le**!
Wo sind unsere Fahrräder? Hier sind sie!

!

Direkte Objektpronomen stehen immer vor dem Verb. An das Wort **ecco** *(hier)* werden sie direkt angehängt. In verneinten Sätzen steht das Objektpronomen nach **non**.

LÖSUNGEN:

a) **1.** li, **2.** la, **3.** lo, **4.** le; b) **1.** la, **2.** lo, **3.** le, **4.** lo, **5.** la

31 Che lavoro fa?

a Welche Antwort passt? Kreuzen Sie an.*

1. Che lavoro fa?
☐ **A** Sono insegnante.
☐ **B** Studio medicina.

2. Che cosa vorresti diventare?
☐ **A** Vorrei fare il medico.
☐ **B** Conosco un buon avvocato.

3. Fai ancora il cameriere?
☐ **A** Fare il medico è interessante.
☐ **B** Sì, lavoro al "Goldoni".

4. Le piace il Suo lavoro?
☐ **A** Sì, mi piace molto.
☐ **B** Sono disoccupato.

b Was sagen Sie, wenn Sie wissen möchten, ... *

1. ... was Ihre neue Bekannte von Beruf macht?
☐ **A** Quando cominci a lavorare?
☐ **B** Che lavoro fai?

2. ... wann diese Person abends aufhört zu arbeiten?
☐ **A** La sera quando finisci di lavorare?
☐ **B** Lavori part-time?

3. ... ob die Kollegen sympathisch sind:
☐ **A** Il tuo capo è simpatico?
☐ **B** I tuoi colleghi sono simpatici?

31 Was machen Sie beruflich?

Wenn sie wissen wollen, **welchen Beruf** eine Person **ausübt**, können Sie fragen:

Che lavoro fa/fai?	*Was machen Sie/machst du beruflich?*
Che cosa fa/fai?	*Was machen Sie/machst du?*

So können sie jemandem mitteilen, **welcher Arbeit Sie nachgehen**:

Faccio il cameriere.	*Ich bin Kellner.*
Sono insegnante di tedesco.	*Ich bin Deutschlehrer(in).*
Lavoro all'ospedale.	*Ich arbeite im Krankenhaus.*
Lavoro come fotografo.	Ich arbeite als Fotograf(in).

Oder, wenn Sie **arbeitslos** sind:

Non ho lavoro.	*Ich habe keine Arbeit.*
Sono disoccupato/a.	*Ich bin arbeitslos.*

ABC

Il lavoro *die Arbeit*

lavorare	*arbeiten*	la collega	*Kollegin*
impiegato/a	*angestellt*	il collega	*Kollege*
disoccupato/a	*arbeitslos*	il libero professionista	*Freiberufler*
il capo	*Chef*	la ditta	*Firma*
l'ufficio	*Büro*	mettersi in proprio	*sich selbstständig machen*

LÖSUNGEN:

a) **1.** a, **2.** a, **3.** b, **4.** a; b) **1.** b, **2.** a, **3.** b

32 Panettiere o giornalista?

a Ordnen Sie den Bildern die nachstehenden Berufe zu.*

fruttivendolo - hostess - farmacista - panettiere

1. ______________

2. ______________

3. ______________

4. ______________

b Die folgenden Berufsbezeichnungen sind durcheinandergeraten. Um welche Berufe handelt es sich?**

1. liotpozito ______________
2. tageiola ______________
3. retoramu ______________
4. starnagioli ______________
5. idmoce ______________
6. ovvtacao ______________

32 Berufe

Vielleicht finden Sie in der folgenden Liste auch Ihren Beruf?

l'impiegato	*Angestellter*	l'architetto	*Architekt*
il commesso	*Verkäufer*	il medico	*Arzt*
il cuoco	*Koch*	l'infermiere	*Krankenpfleger*
il cameriere	*Ober*	il giornalista	*Journalist*
il panettiere	*Bäcker*	il pilota	*Pilot*
il poliziotto	*Polizist*	il farmacista	*Apotheker*
il muratore	*Maurer*	il traduttore	*Übersetzer*
il fotografo	*Fotograf*	l'avvocato	*Rechtsanwalt*
il pizzaiolo	*Pizzabäcker*	il pasticciere	*Konditor*

Für die Berufsbezeichnung **Lehrer** gibt es im Italienischen - je nach Schulart - unterschiedliche Bezeichnungen.

Sind Sie Lehrer an einer Grundschule (**scuola elementare**), so sind Sie ein **maestro**. Sind Sie Fachlehrer, z. B. für Physik, so können Sie sich als **insegnante di fisica** vorstellen. Unterrichten Sie an einer höheren Schule, so lautet die richtige Bezeichnung **professore**. Arbeiten Sie an einer Universität, dann sind Sie ebenfalls **professore** (**univesitario**) oder auch **docente**.

LÖSUNGEN:

a) **1.** hostess, **2.** fruttivendolo, **3.** panettiere, **4.** farmacista; b) **1.** poliziotto, **2.** gelataio, **3.** muratore, **4.** giornalista, **5.** medico, **6.** avvocato

33 Facciamo una passeggiata!

a Ordnen Sie die Verbformen von **fare** (tun, machen) den entsprechenden Pronomen zu.*

1. io	___ **A** fanno
2. tu	___ **B** fate
3. lui/lei/Lei	___ **C** faccio
4. noi	___ **D** fa
5. voi	___ **E** facciamo
6. loro	___ **F** fai

b Setzen Sie die korrekte Verbform in die Lücke ein.**

fanno - faccio - facciamo - fai - fate - fa

1. Marco e Francesco, cosa ______________ durante le ferie?
2. Mi chiamo Luisa. ______________ la guida turistica.
3. Che lavoro ______________ la signora Martini?
4. In estate Lisa e Franco ______________ lunghe gite in montagna.
5. Laura, ______________ un'escursione con noi?

33 Das Verb *fare*

So wird das Verb fare im Präsens konjugiert:

fare *(tun, machen)*

io	faccio	**noi**	facciamo
tu	fai	**voi**	fate
lui/lei/Lei	fa	**loro**	fanno

Das Verb **fare** wird auch häufig im Zusammenhang mit sportlichen Aktivitäten verwendet.

fare surf	*surfen*
fare jogging	*joggen*
fare un giro in montagna	*eine Bergtour machen*

Auch der Begriff *etwas machen lassen* benötigt im Italienischen das Verb **fare:**

Mi faccio tagliare i capelli. — *Ich lasse mir die Haare schneiden.*

LÖSUNGEN:

a) **1.** c, **2.** f, **3.** d, **4.** e, **5.** b, **6.** a, b) **1.** fate, **2.** faccio, **3.** fa, **4.** fanno, **5.** fai

34 Si va a scuola

a In den folgenden Sätzen sind die Leerzeichen und die Punkte zwischen den Sätzen verloren gegangen. Wie heißen die Sätze korrekt?*

michelaèstudentessadilingueantoniofre-
quentalistitutotecnicoilsignorderossièdo-
centeallafacoltàdieconomiafrancescastudia-
medicinamaurizioaccompagnasuofiglioalla-
scuolamaternalasignorafurlanèinsegnantedi-
matematica

1. ______________________.

2. ______________________.

3. ______________________.

4. ______________________.

5. ______________________.

6. ______________________.

b Ordnen Sie den Fragen die passenden Antworten zu.*

1. Studi giurisprudenza?	___ **A** Frequenta l'istituto tecnico.
2. Che scuola frequenta Enrico?	___ **B** Vorrei studiare filosofia.
3. Il signor Martini è insegnante?	___ **C** Sì, ho cinque anni.
4. Che cosa vorresti studiare?	___ **D** Sì, alla facoltà di legge.
5. Vai ancora alla scuola materna?	___ **E** Sì, insegna inglese.

34 Das italienische Schulsystem

Italienische Kinder besuchen 5 Jahre lang die Grundschule - **scuola elementare** oder auch **scuola primaria**.

Es folgen 3 Jahre Mittelschule - **scuola media** oder auch einfach **le medie**.

Bei den weiterführenden Schulen - **le superiori** - haben sie die Wahl zwischen einem **liceo** *(Gymnasium)*, einem **istituto tecnico** *(berufliches Gymnasium)* und einem **istituto professionale** *(Berufsfachschule)*.

Um zum Studium an einer Universität - **università** - zugelassen zu werden, benötigen sie ein **diploma di maturità** *(Abiturzeugnis)*.

!

Wenn Sie an einer italienischen Universität studiert und ein entsprechendes Universitätsdiplom erhalten haben, so dürfen Sie sich **dottore** bzw. **dottoressa** nennen - nicht zu verwechseln mit dem deutschen Doktortitel.

Wundern Sie sich also nicht, wenn ein Italiener Sie mit **Dottore** anredet.

LÖSUNGEN:

a) **1.** Michela è studentessa di lingue. **2.** Antonio frequenta l'istituto tecnico. **3.** Il signor de Rossi è docente alla facoltà di economia. **4.** Francesca studia medicina. **5.** Maurizio accompagna suo figlio alla scuola materna. **6.** La signora Furlan è insegnante di matematica. b) **1.** d, **2.** a, **3.** e, **4.** b, **5.** c

35 Il curriculum vitae

Ergänzen Sie den Lebenslauf mit den fehlenden Wörtern.*

soggiorni - scolastica - luogo - liceo - voto - università - telefono - buona - conoscenze - cittadinanza

Nome: Silvia Bellini

Data e ______ di nascita:	20 marzo 1988, Piove di Sacco
______________________:	italiana
Indirizzo:	Via G. Matteotti, 3, 35020 Padova
______________, e-mail:	049-78839072, per@esempio.it

Formazione ______________:

________ linguistico "Dante Alighieri", Padova (voto 88/100)

Economia e commercio presso l'________ Ca' Foscari, Venezia.

Laurea con ____: 105/110

________ **linguistiche**:

tedesco:	ottima conoscenza
inglese:	________ conoscenza
________ all'estero:	Anno di studio presso l'università di Monaco, Germania

Padova, 20 giugno 2015

35 Der Lebenslauf

Die folgende Wortliste kann Ihnen helfen, wenn Sie einen italienischen Lebenslauf verfassen wollen:

ABC

Il curriculum vitae Lebenslauf

il nome	*Name*	la data di nascita	*Geburtsdatum*
il cognome	*Nachname*	il luogo di nascita	*Geburtsort*
l'indirizzo	*Anschrift*	la cittadinanza	*Staatsangehörigkeit*
il telefono	*Telefon*	la formazione scolastica	*Schulbildung*
l'e-mail	*E-Mail*	le conoscenze	*Kenntnisse*
il corso	*Kurs*	conoscenze linguistiche	*Sprachkenntnisse*
il voto	*Note*	il soggiorno all'estero	*Auslandsaufenthalt*
la laurea	*Diplom*	le esperienze lavorative	*Berufserfahrung*
l'esame	*Prüfung*	con lode	*mit Auszeichnung*

Wenn Sie nähere Angaben über Ihre **Kenntnisse** auf einem bestimmten Gebiet machen wollen, so können Sie folgendermaßen differenzieren:

discreta conoscenza	*Grundkenntnisse*
buona conoscenza	*gute Kenntnisse*
ottima conoscenza	*sehr gute Kenntnisse*

LÖSUNGEN:

luogo – cittadinanza – telefono – scolastica – liceo – università – voto – conoscenze – buona – soggiorni

36 Il collega italiano

Steht das Adjektiv vor oder nach dem Substantiv?
Schreiben Sie das Adjektiv in die richtige Lücke.**

1. Sara è una ________ ragazza ________. (bella)
2. Ho un ________ collega ________. (italiano)
3. La mia insegnante d'italiano è una ________ donna ________. (gentile)
4. Luisa legge un ________ libro ________ . (tedesco)
5. Ti presento Lilly, la mia ________ amica ________. (italiana)
6. Sei proprio un ________ ragazzo ________! (bravo)
7. Lavoro in un ________ ospedale ________. (piccolo)
8. L'albergo ha una ________ vista ________ sul mare. (fantastica)
9. La Basilica di San Pietro è una ________ chiesa ________. (cattolica)
10. Il Fellini è un ________ ristorante ________. (caro)
11. Marina non ha amici. È una ________ donna ________. (sola)

36 Die Stellung des Adjektivs

Adjektive stehen im Italienischen in der Regel **nach** dem Substantiv.

Die folgenden Adjektive stehen ausnahmsweise meist **vor** dem Substantiv: **bello, brutto, piccolo, grande, giovane, vecchio, breve, lungo, buono, cattivo**.

Così fai una brutta figura!	*So machst du einen schlechten Eindruck!*
È davvero una buona idea!	*Das ist wirklich eine gute Idee!*
Questa è proprio una cattiva abitudine!	*Das ist wirklich eine schlechte Angewohnheit!*
Paolo è un mio vecchio amico.	*Paolo ist ein alter Freund von mir.*

!

Manche Adjektive ändern durch die Stellung ihre Bedeutung:

un caro bambino *ein liebes Kind*	↔	un ristorante caro *ein teures Restaurant*
un grande spettacolo *ein großartiges Spektakel*	↔	una casa grande *ein großes Haus*
una sola persona *eine einzige Person*	↔	una persona sola *eine einsame Person*

LÖSUNGEN:

1. bella ragazza, **2.** collega italiano, **3.** donna gentile, **4.** libro tedesco, **5.** amica italiana, **6.** bravo ragazzo, **7.** piccolo ospedale, **8.** vista fantastica, **9.** chiesa cattolica, **10.** ristorante caro, **11.** donna sola

37 Facciamo la spesa al mercato

a Verbinden Sie jeweils die zwei richtigen Wortteile.
Es ergeben sich 6 Begriffe rund ums Thema Einkaufen.*

1. ag		___	**A** lo
2. mer		___	**B** vo
3. pe		___	**C** cato
4. uo		___	**D** sce
5. pa		___	**E** lio
6. chi		___	**F** tate

b Sie sind auf dem Markt. Bringen Sie die Sätze in die richtige Reihenfolge.**

A Salve, vorrei un chilo di mele, per favore. Quant'è?

B Ancora qualcos'altro?

C Buongiorno, cosa desidera?

D No grazie, a posto così.

E Sono due euro.

1. ___, **2.** ___, **3.** ___, **4.** ___, **5.** ___

37 Einkaufen auf dem Markt

Wenn Sie etwas **einkaufen möchten**, können Ihnen diese Sätze hilfreich sein:

Vorrei due chili di mele. — *Ich hätte gerne zwei Kilo Äpfel.*
Mi dia due meloni, per favore. — *Geben Sie mir bitte zwei Melonen.*

Wenn Sie **nach dem Preis fragen** möchten:

Quanto costa un chilo di pere? — *Wie viel kostet ein Kilo Birnen?*
Quant'è? — *Wie viel macht das?*

Und diese Fragen stellt Ihnen vielleicht der **Verkäufer**:

Cosa desidera? — *Was wünschen Sie?*
Desidera ancora qualcos'altro? — *Wünschen Sie noch etwas?*
Altro? — *Sonst noch etwas?*

In Italien werden auf dem Markt oft nicht nur Lebensmittel angeboten, sondern auch Kleidung, Schuhe, Lederwaren und Haushaltsgegenstände.

Ein Flohmarkt heißt in Italien – ganz wörtlich – **mercato delle pulci**.

LÖSUNGEN:

a) **1.** aglio, **2.** mercato, **3.** pesce, **4.** uovo, **5.** patate, **6.** chilo; b) **1.** c, **2.** a, **3.** e, **4.** b, **5.** d

38 Una bottiglia di vino

a Setzen Sie die richtigen Mengenangaben in die Lücken ein.*

due etti - un vasetto - un chilo - un pacco - un litro - una bottiglia

1. ______________________ di mele
2. ______________________ di prosciutto cotto
3. ______________________ di latte
4. ______________________ di capperi
5. ______________________ di spaghetti
6. ______________________ di vino

b Welcher Teilungsartikel fehlt?**

del - della - dello - dell' - dei - degli - delle

1. Vorrei ______________ mele.
2. Preferisco mangiare ______________ spaghetti.
3. Mi dia ______________ pomodori, per favore.
4. Devo comprare ______________ pane.
5. Vado a comprare ______________ frutta.
6. Prendi ______________ zucchero?
7. Vorrei ______________ acqua.

38 Mengen und Maße

Mengenangaben und Maßeinheiten erfordern im Italienischen die Präposition **di**.

un litro di latte	*ein Liter Milch*
due chili di mele	*zwei Kilo Äpfel*
una bottiglia d'acqua	*eine Flasche Wasser*

Unbestimmte Mengen, die nicht zählbar sind, erfordern einen **Teilungsartikel**. Dieser wird aus der Präposition di + bestimmtem Artikel gebildet.

	il	**lo**	**la**	**l'**	**i**	**gli**	**le**
di +	del	dello	della	dell'	dei	degli	delle

Vorrei del pane.	*Ich möchte gerne Brot.*
Ho comprato dei piatti nuovi.	*Ich habe neue Teller gekauft.*

!

Der **Teilungsartikel** entfällt in negativen Sätzen:

Non c'è più acqua.	*Es gibt kein Wasser mehr.*

Er entfällt außerdem bei **Aufzählungen**.

C'è pane, burro e marmellata.	*Es gibt Brot, Butter und Marmelade.*

LÖSUNGEN:

a) **1.** un chilo, **2.** due etti, **3.** un litro, **4.** un vasetto, **5.** un pezzo, **6.** una bottiglia; b) **1.** delle, **2.** degli, **3.** dei, **4.** del, **5.** della, **6.** dello, **7.** dell'

39 Frutta e verdura

Welches Obst bzw. Gemüse ist auf den Fotos zu sehen?*

1. ____________

2. ____________

3. ____________

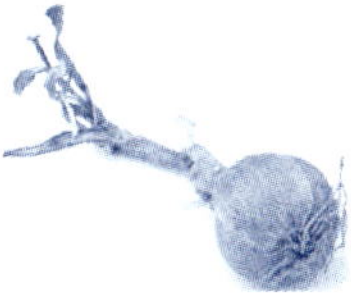

4. ____________

5. ____________

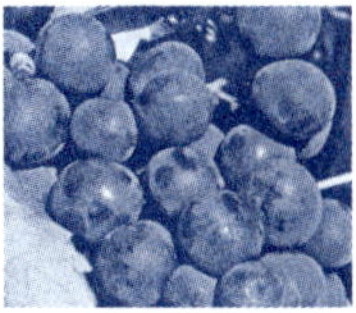

6. ____________

7. ____________

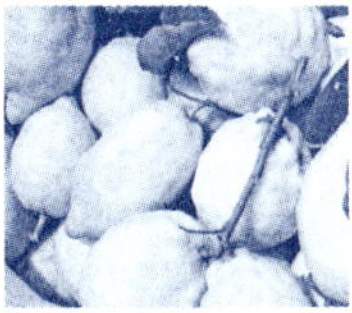

8. ____________

9. ____________

39 Obst und Gemüse

Die folgende Liste gibt Ihnen eine Auswahl der wichtigsten Obst- und Gemüsesorten.

ABC

Frutta e verdura	Obst und Gemüse		
la mela	*Apfel*	il cavolfiore	*Blumenkohl*
la pera	*Birne*	il cetriolo	*Gurke*
la pesca	*Pfirsich*	il finocchio	*Fenchel*
l'arancia	*Orange*	il peperone	*Paprika*

Der Kohl **cavolo** kommt in einigen umgangssprachlichen Redewendungen vor:

Non ci capisco un cavolo.	*Ich verstehe nicht die Bohne davon.*
Non me ne importa un cavolo.	*Das kümmert mich einen Dreck.*
Sei proprio una testa di cavolo!	*Du bist wirklich ein Dummkopf!*

Und auch die Kartoffel **patata** muss öfters herhalten:

avere le patate in bocca	*undeutlich reden*
essere un sacco di patate	*ein Trampel/Trampeltier sein*

LÖSUNGEN:

1. finocchio, **2.** cetriolo, **3.** pomodoro, **4.** cipolla, **5.** mele, **6.** uva, **7.** arance, **8** limoni, **9.** ciliegia

40 Alcune preposizioni

Welche Präposition ist korrekt? Kreuzen Sie an.*

1. Il libro è ______ letto.
- ☐ **A** su
- ☐ **B** sul
- ☐ **C** sullo

2. spaghetti ______ carbonara
- ☐ **A** alla
- ☐ **B** al
- ☐ **C** a

3. Vengo ______ Germania.
- ☐ **A** da
- ☐ **B** della
- ☐ **C** dalla

4. penne______ chef
- ☐ **A** di
- ☐ **B** del
- ☐ **C** dello

5. È ______ armadio.
- ☐ **A** nel
- ☐ **B** nell'
- ☐ **C** in

6. davanti ______ chiesa
- ☐ **A** alla
- ☐ **B** della
- ☐ **B** a la

7. Luisa è ______ balcone.
- ☐ **A** sul
- ☐ **B** sulla
- ☐ **C** sullo

8. risotto ______ funghi
- ☐ **A** di
- ☐ **B** a
- ☐ **C** ai

40 Präpositionen + bestimmter Artikel

Einige Präpositionen verschmelzen mit dem bestimmten Artikel zu einem Wort.

	il	**lo**	**l'**	**la**	**i**	**gli**	**le**
a	al	allo	all'	alla	ai	agli	alle
da	dal	dallo	dall'	dalla	dai	dagli	dalle
di	del	dello	dell'	della	dei	degli	delle
in	nel	nello	nell'	nella	nei	negli	nelle
su	sul	sullo	sull'	sulla	sui	sugli	sulle

Die Präposition **con** (mit) verschmilzt manchmal mit **il** zu **col**, z.B. con il pane → *col pane.*

Um zu sagen, an welchem Fluss eine Stadt liegt, benötigen Sie die Präposition **sul** *(auf)*.
Roma è sul Tevere. *Rom liegt am Tiber.*

LÖSUNGEN:

1. b, **2.** a, **3.** c, **4.** c, **5.** b, **6.** a, **7.** a, **8.** c

41 Buon appetito!

a **Antipasto** (Vorspeise), **primo piatto** (erster Gang) oder **secondo piatto** (Hauptgang)? Kreuzen Sie an.*

	A antipasto	**B** primo piatto	**C** secondo piatto
1. risotto alla milanese	☐	☐	☐
2. insalata di mare	☐	☐	☐
3. prosciutto e melone	☐	☐	☐
4. arrosto di maiale	☐	☐	☐
5. verdure sott'olio	☐	☐	☐
6. cotoletta alla milanese	☐	☐	☐
7. pasta e fagioli	☐	☐	☐
8. gnocchi al ragù	☐	☐	☐

b Was sehen Sie auf den Fotos? Beschriften Sie die Bilder.*

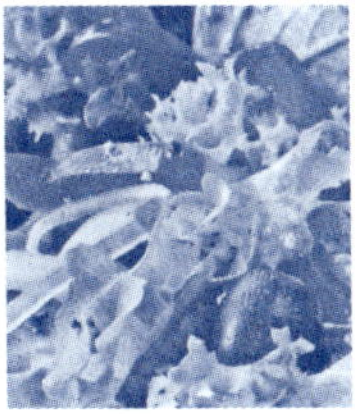

1. ____________ **2.** ____________ **3.** ____________

41 Die Speisekarte

Ein komplettes italienisches Menü besteht aus **Antipasto** *(Vorspeise)*, **primo piatto** *(erster Gang)* – ein Nudel- oder Reisgericht oder auch eine Suppe –, **secondo piatto** *(Hauptgang)*, **contorno** *(Beilage)* und **dolce** *(Dessert)* bzw. **frutta** *(Obst)* oder auch **formaggio** *(Käse)*. Abgeschlossen wird das Ganze mit einem **caffè** *(Espresso)*.

Wenn Ihnen das zu viel ist und Sie einen dieser Gänge auslassen möchten, so sagen Sie:

Salto il primo.	*Ich lasse den ersten Gang ausfallen.*

ABC

Il menù	*Die Speisekarte*		
la minestra	*Suppe*	il maiale	*Schweinefleisch*
il primo piatto	*erster Gang*	il pollo	*Huhn*
il secondo piatto	*Hauptgang*	il pesce	*Fisch*

Auf einer italienischen Speisekarte finden Sie in der Regel auch das **coperto** *(Gedeck)*. Dieses müssen Sie, unabhängig von den verzehrten Speisen, bezahlen. Im Gedeck enthalten sind **grissini** und **pane** *(Brot)*, das in Italien zu jeder Mahlzeit gehört.

LÖSUNGEN:

a) **1.** b, **2.** a, **3.** a, **4.** c, **5.** a, **6.** c, **7.** b, **8.** b, b) **1.** spaghetti al ragù, **2.** insalata, **3.** pesce

42 Ci porta il menù per piacere?

a Suchen Sie in der Wortschlange 10 Begriffe, die etwas mit einem Besuch im Restaurant zu tun haben.*

blusprimoramelcopertolasomicameriereisotavoloabsrefgerdolcemipfruttalevespanebelorscaffègrartferbacetopiltbnsalebneirlp

1. ______________ **2.** ______________

3. ______________ **4.** ______________

5. ______________ **6.** ______________

7. ______________ **8.** ______________

9. ______________ **10.** ______________

b Was sagen Sie im Restaurant, wenn ....**

1. ... Sie nach der Speisekarte fragen?
2. ... auf dem Tisch zwei Messer fehlen?
3. ...der Fisch versalzen ist?
4. ... Sie Salz und Pfeffer benötigen?

___ **A** Scusi, possiamo avere sale e pepe?
___ **B** Scusi, può portarci due coltelli, per favore?
___ **C** Scusi, ma per me il pesce è troppo salato.
___ **D** Ci porta il menù per piacere?

42 Im Restaurant

So können Sie im Restaurant **nach einem Tisch fragen**:

È libero questo tavolo?	*Ist dieser Tisch frei?*
Un tavolo per due persone, per favore.	*Einen Tisch für 2 Personen bitte.*

So können Sie Ihre **Bestellung aufgeben**:

(Come antipasto) prendo...	*Ich nehme (als Vorspeise) ...*
Vorrei la minestra.	*Ich hätte gerne die Suppe.*
Per me una birra per favore.	*Für mich bitte ein Bier.*

Und so **verlangen sie die Rechnung:**

Il conto, per favore.	*Die Rechnung, bitte.*

Es gibt in Italien verschiedene Arten von Gaststätten: Die **osteria** ist ein einfaches Gasthaus. In der **trattoria** - oft ein Familienbetrieb - gibt es in der Regel hausgemachte, typische Speisen. Im **ristorante** finden Sie ein größeres Speiseangebot zu gehobenen Preisen.

Und die **pizzeria**? Dort serviert man Ihnen fast nur Pizza!

LÖSUNGEN:

a) **1.** primo, **2.** coperto, **3.** cameriere, **4.** tavolo, **5.** dolce, **6** frutta, **7** pane, **8.** caffè, **9.** aceto, **10.** sale; b) **1.** d, **2.** b, **3.** c, **4.** a

43 Andiamo a sciare?

a Welcher Freizeitaktivität gehen diese Personen nach?*

1. ______ **2.** ______ **3.** ______

b Welche Antwort passt zu welcher Frage?*

1. Andiamo a mangiare un gelato?

2. Ti piace suonare la chitarra?

3. A che ora andiamo al teatro?

4. Hai voglia di guardare la TV?

5. Andiamo a sciare domenica?

__ **A** Sì, la suono molto spesso.

__ **B** Non posso, devo andare a un matrimonio.

__ **C** Ti vengo a prendere alle sette.

__ **D** Veramente preferirei un tè caldo.

__ **E** Sì, danno una telenovela che mi piace .

43 Freizeitaktivitäten

Wenn Sie eine Person **zu einer** gemeinsamen **Aktivität auffordern** oder **nach** ihren **Hobbys fragen** wollen, können Sie sagen:

Andiamo a fare jogging?
Gehen wir joggen?
Hai voglia di giocare a tennis?
Hast du Lust, Tennis zu spielen?
Ti piace nuotare?
Gehst du gerne schwimmen?

So könnte dann die **Antwort** auf Ihre Frage lauten:
Mi dispiace, ma non ne ho voglia.
Es tut mir leid, ich habe keine Lust dazu.
Sì, dai, andiamo!.
Ja, komm, gehen wir!
Preferisco fare surf.
Ich surfe lieber.

!

Das Verb **spielen** hat im Italienischen verschiedene Entsprechungen, und das italienische **suonare** im Deutschen auch:

giocare a tennis/calcio	*Tennis/Fußball spielen*
suonare il flauto/la chitarra	*Flöte/Gitarre spielen*
suonare il campanello	*läuten*
essere suonato	*verrückt sein*

LÖSUNGEN:
a) **1.** sciare, **2.** suonare la chitarra, **3.** fare surf; b) **1.** d, **2.** a, **3.** c, **4.** e, **5.** b

44 È bello andare al mare

a Setzen Sie das passende Wort in die Lücke ein.*

suonare – piace – ascoltare – giocare – uscire – preferisco

1. Mi ______ leggere libri.
2. Adesso finisco di ______ a tennis.
3. ______ prendere il treno.
4. Mi piace molto ______ la chitarra.
5. Francesca preferisce ______ con le sue amiche.
6. Bruno adora ______ la musica rock.

b **Di, a** oder überhaupt keine Präposition? Vervollständigen Sie die Sätze.**

1. Quando finisci ______ lavorare?
2. Mi piace ______ fare dei giri in montagna.
3. Adoro ______ ascoltare la musica classica.
4. Comincio ______ lavorare alle otto.
5. È bello ______ andare al mare.
6. Avete voglia ______ andare in discoteca?
7. Penso ______ fare un po' di sport.
8. È stanco ______ fare esercizi?

44 Infinitivsätze

Der Infinitiv wird ohne Präposition an Modalverben und Verben, die eine Vorliebe ausdrücken, angeschlossen. Auch nach unpersönlichen Ausdrücken mit **essere** + **Adjektiv oder Adverb** folgt der Infinitiv **ohne Präposition**. Dazu gehören:

piacere	*gefallen*	preferire	*vorziehen*
desiderare	*wünschen*	adorare	*lieben*
potere	*können*	volere	*wollen*
dovere	*müssen*	è meglio	*es ist besser*

§

Nach einer Reihe von Verben wird der Infinitiv **mit der Präposition di** angeschlossen:

finire di	*aufhören*	pensare di	*denken*
credere di	*glauben*	cominciare di	*beginnen*

Andere Verben erfordern die **Präposition a**:

cominciare a	*beginnen*	continuare a	*fortfahren*
andare a fare	*etw.machen gehen*	imparare a	*lernen*

LÖSUNGEN:

a) **1.** piace, **2.** giocare, **3.** preferisco, **4.** suonare, **5.** uscire, **6.** ascoltare;
b) **1.** di, **2.** -, **3.** -, **4.** a, **5.** -, **6.** di, **7.** di, **8.** di

45 In giro per i negozi

a Hier sind einige Kleidungsstücke durcheinandergeraten. Wie heißen sie?*

1. glimaone ______________________
2. ratucin ______________________
3. ccagia ______________________
4. lotapanni ______________________
5. pescar ______________________
6. livasti ______________________
7. caciami ______________________
8. detanmu ______________________
9. magiapi ______________________

b Ergänzen Sie die richtige Endung des jeweiligen Farbadjektivs.*

1. la giacca ner___
2. le camicette verd___
3. la gonna ross___
4. i pantaloni bl___
5. gli stivali bianc___
6. il maglione viol___
7. il pigiama ros___
8. la maglietta arancio___
9. il tailleur grigi___
10. il soprabito beig___

45 Ein Einkaufsbummel

Sie wollen sich neu einkleiden? Diese Kleidungsstücke gehören zur Grundausstattung:

ABC

Un giro per i negozi	*Ein Einkaufsbummel*		
la biancheria intima	*Unterwäsche*	le mutande	*Unterhose*
la canottiera	*Unterhemd*	il reggiseno	*BH*
le calze	*Strümpfe*	l'abito	*Kleid*
i pantaloni	*Hose*	la gonna	*Rock*
la camicia	*Hemd*	le scarpe	*Schuhe*
l'abito da uomo	*Anzug*	la cintura	*Gürtel*

Bei Farbbezeichnungen wird in der Regel - wie auch bei anderen Adjektiven - die Endung an das zugehörige Substantiv angepasst. Einige Farbadjektive sind jedoch unveränderlich:
blu, rosa, viola, beige.

Werfen Sie nach einem Einkauf in Italien **lo scontrino** *(Kassenzettel)* nicht sofort weg. Dieser ist der Finanzpolizei, der **guardia di finanza**, auf Verlangen im Umkreis von 100 m vorzuzeigen. Ansonsten droht eine Geldstrafe, **una multa**.

LÖSUNGEN:

a) **1.** maglione, **2.** cintura, **3.** giacca, **4.** pantaloni, **5.** scarpe, **6.** stivali, **7.** camicia, **8.** mutande, **9.** pigiama; b) **1.** nera, **2.** verdi, **3.** rossa, **4.** blu, **5.** bianchi, **6.** viola, **7.** rosa, **8.** arancione, **9.** grigio, **10.** beige

46 Sai nuotare?

a Setzen Sie die korrekte Verbform von **sapere** in die Lücke ein.*

1. (Io) ____________________ parlare francese.
2. (Tu) ____________________ nuotare?
3. Mauro non ____________________ suonare il pianoforte.
4. Io e Luca ____________________ giocare a tennis.
5. (Voi) ____________________ preparare la polenta?
6. Gli italiani ____________________ cucinare bene, si dice.

b **Sapere** oder **potere**? Setzen Sie das passende Verb ein.**

1. Vieni in piscina con noi? Non __________, devo fare i compiti.
2. __________ preparare tu da mangiare oggi?
3. Mi scusi signore, mi __________ dire come andare in centro?
4. Bambini, __________ parlare tedesco?
5. Non __________ fare sport oggi. Mi fa male la gola.
6. Mauro non __________ ballare bene.
7. I miei genitori non __________ venire a Natale.
8. La mia amica Sara __________ cantare benissimo.

46 Die Verben *potere* und *sapere*

	sapere *(wissen, können)*	**potere** *(können)*
io	so	posso
tu	sai	puoi
lui, lei, Lei	sa	può
noi	sappiamo	possiamo
voi	sapete	potete
loro	sanno	possono

Das Verb **sapere** *(wissen, können)* verwendet man im Italienischen um auszudrücken, ob eine Sache beherrscht wird.

Non so nuotare. — *Ich kann nicht schwimmen.*

Das Verb **potere** hingegen benötigen Sie, wenn Sie etwas können oder nicht können, weil es die Umstände (nicht) erlauben.

Posso venire, se vuoi. — *Ich kann kommen, wenn du willst.*

Einige Redewendungen mit **potere** bzw. **sapere**:

Può darsi.	*Das kann sein.*
non poterne più di qualcosa	*etwas satt haben*
saperla lunga	*es faustdick hinter den Ohren haben*

LÖSUNGEN:

a) **1.** so, **2.** sai, **3.** sa, **4.** sappiamo, **5.** sapete, **6.** sanno; b) **1.** posso, **2.** puoi, **3.** sa, **4.** sapete, **5.** posso, **6.** sa, **7.** possono, **8.** sa

47 Geografia dell'Italia

Welche Antwort ist richtig? Kreuzen Sie sie an. Manchmal sind mehrere Antworten möglich.**

1. La cima più alta degli Appennini
- ☐ **A** Gran Sasso
- ☐ **B** Gran Paradiso
- ☐ **C** Marmolada

2. Il lago più grande d'Italia
- ☐ **A** Lago Trasimeno
- ☐ **B** Lago di Como
- ☐ **C** Lago di Garda

3. Minoranza linguistica in Italia
- ☐ **A** albanese
- ☐ **B** tedesco
- ☐ **C** arabo

4. Affluente del Po
- ☐ **A** Ticino
- ☐ **B** Adige
- ☐ **C** Adda

5. Regione più ricca di boschi
- ☐ **A** Toscana
- ☐ **B** Trentino Alto-Adige
- ☐ **C** Puglia

6. Fa parte delle isole eolie
- ☐ **A** Lipari
- ☐ **B** Lampedusa
- ☐ **C** Stromboli

7. Vetta delle Dolomiti
- ☐ **A** Tofana di Mezzo
- ☐ **B** Cima Grande
- ☐ **C** Monte Rosa

8. Lunghezza delle coste
- ☐ **A** ca. 9.000 km
- ☐ **B** ca. 7.500 km
- ☐ **C** ca. 5.800 km

47 Ein wenig Landeskunde

Zwischen Norditalien, **l'Italia settentrionale**, und Süditalien, **l'Italia meridionale** oder **il Mezzogiorno**, liegt Mittelitalien, **l'Italia centrale**.

Umschlossen wird Italien durch seine Meere, il **mar Ligure** im Nordwesten, **il Tirreno** im Westen, **lo Ionio** im Süden und **l'Adriatico** im Osten.

ABC

Geografia	*Landeskunde*		
il paesaggio	*Landschaft*	l'isola	*Insel*
il mare	*Meer*	la montagna	*Gebirge*
la costa	*Küste*	la vetta	*Gipfel*
il fiume	*Fluss*	la collina	*Hügel*
l'affluente	*Zufluss*	il vulcano	*Vulkan*
il lago	*See*	il bosco	*Wald*
la laguna	*Lagune*	la pianura	*Ebene*

Nord- und Süditaliener mögen sich nicht immer so sehr. Diese Abneigung findet manchmal auch in der Sprache Ausdruck. So bezeichnen die Norditaliener ihre Mitbürger aus dem Süden gelegentlich abfällig als **terroni** (die, die Erde bearbeiten). Die Süditaliener revanchieren sich nicht weniger abschätzig mit dem Begriff **polentoni** (Polentafresser).

LÖSUNGEN:

1. a, **2.** c, **3.** a,b, **4.** a,c, **5.** a, **6.** a,c, **7.** a,b, **8.** b

48 Troppo lavoro

a Ergänzen Sie die fehlenden Endungen.*

1. poch___ persone
2. poch___ capelli
3. molt___ gente
4. molt___ amici
5. tropp___ tempo
6. tropp___ lavoro
7. tant___ settimane
8. tant___ anni
9. parecch___ giorni
10. parecch___ cose

b Füllen Sie die Lücken mit den richtigen Formen.**

molto – troppo – troppa – molte – poca – troppo – molti – troppe

1. Maria ha ______________ amiche.
2. Abbiamo ______________ scarpe.
3. Ho ______________ pantaloni.
4. Le mie scarpe sono ______________ larghe.
5. C'è ______________ gente al mare oggi. Non ci vado.
6. La mia giacca è ______________ stretta.
7. Mio padre ha ______________ pazienza con me.
8. Le tue scarpe sono ______________ belle.

48 Indefinitpronomen

Die Indefinitpronomen **poco** *(wenig)*, **molto** *(viel)*, **tanto** *(viel, soviel)*, **troppo** *(zuviel)* und **parecchio** *(ziemlich viel)* drücken eine unbestimmte Menge aus. Wenn sie sich auf ein Substantiv beziehen, werden sie - genau wie Adjektive - in Zahl und Geschlecht an dieses Substantiv angeglichen. Zum Beispiel:

C'è poca gente oggi.
Heute sind wenig Leute da.

Mio figlio ha invitato parecchi amici.
Mein Sohn hat ziemlich viele Freunde eingeladen.

Einige Ausdrücke und Wendungen mit Indefinitpronomen:

Tanti auguri!	*Herzlichen Glückwunsch!*
Tante belle cose!	*Alles Gute!*
in poche parole	*kurz gesagt*
da parecchio tempo	*seit längerer Zeit*
a tutto gas/a tutta birra	*mit Volldampf/mit Vollgas*
avere molte primavere	*viele Lenze auf dem Buckel haben*

LÖSUNGEN:

a) **1.** poche, **2.** pochi, **3.** molta, **4.** molti, **5.** troppo, **6.** troppo, **7.** tante, **8.** tanti, **9.** parecchi, **10.** parecchie; b) **1.** molte, **2.** troppe, **3.** molti, **4.** troppo, **5.** troppa, **6.** troppo, **7.** poca, **8.** molto

49 In albergo

a In den folgenden Sätzen sind die Leerzeichen und die Satzzeichen verloren gegangen. Wie lauten die Sätze korrekt?*

hoprenotatounacamerasingolacondocciaacheoras
ipuòfarecolazionelasaladapranzositrovaquiasinistrapo
teteprenderelascensorepuòriempireilmoduloperlaregi
strazioneperfavorepuòlasciarelamacchinanelgarage

1. ____________________.
2. ____________________.
3. ____________________.
4. ____________________.
5. ____________________.
6. ____________________.

b Ordnen Sie den italienischen Sätzen die korrekte Übersetzung zu.*

1. L'albergo ha la piscina?	___	**A** Gibt es auch einen Safe?
2. C'è anche la cassaforte?	___	**B** Wo ist der Parkplatz?
3. Dove si fa colazione?	___	**C** Hat das Hotel einen Pool?
4. C'è l'ascensore?	___	**D** Wo gibt es Frühstück?
5. Dov'è il parcheggio?	___	**E** Gibt es einen Aufzug?

49 An der Hotelrezeption

Wenn Sie **im Hotel einchecken** möchten, können Sie Folgendes sagen:
Ho prenotato una camera singola/doppia.
Ich habe ein Einzelzimmer/Doppelzimmer reserviert.
Avete camere libere?
Haben Sie noch Zimmer frei?
Quanto costa la camera con la prima colazione/a mezza pensione/a pensione completa?
Wie viel kostet das Zimmer mit Frühstück/Halbpension/Vollpension?
A che ora è la colazione/il pranzo/la cena?
Wann gibt es Frühstück/Mittagessen/Abendessen?

ABC

Alla reception	*An der Rezeption*		
la registrazione	*Anmeldung*	la sala da pranzo	*Speisesaal*
la prenotazione	*Reservierung*	l'aria condizionata	*Klimaanlage*
l'ascensore	*Aufzug*	la cassaforte	*Safe*
le scale	*Treppe*	la piscina	*Schwimmbad*
il piano	*Etage*	la chiave	*Schlüssel*

LÖSUNGEN:

a) **1.** Ho prenotato una camera singola con doccia. **2.** A che ora si può fare colazione? **3.** La sala da pranzo si trova qui a sinistra. **4.** Potete prendere l'ascensore. **5.** Può riempire il modulo per la registrazione per favore? **6.** Può lasciare la macchina nel garage. b) **1.** c, **2.** a, **3.** d, **4.** e, **5.** b

50 Ha capito?

a Wie lauten die Partizipien der Verben?*

1. lavorare ____________
2. dormire ____________
3. avere ____________
4. finire ____________
5. conoscere ____________
6. potere ____________
7. mangiare ____________
8. sapere ____________
9. prenotare ____________
10. sentire ____________

b Setzen Sie die Sätze ins **passato prossimo**.**

1. Maria telefona. ____________.
2. Vi invito a cena. ____________.
3. Prepariamo la pasta. ____________.
4. Compri il libro? ____________.
5. Ascoltate la musica? ____________.
6. I bambini dormono. ____________.
7. Conosco Michele ____________.
8. Non mangiamo niente. ____________.
9. Sentite un rumore? ____________.

50 *Passato prossimo* mit *avere*

Das **passato prossimo** wird aus der konjugierten Form des Hilfsverbs und dem Partizip Perfekt gebildet.

Es wird verwendet für Vorgänge in der nahen Vergangenheit oder für solche, die noch in die Gegenwart hineinreichen bzw. Folgen für die Gegenwart nach sich ziehen.

Ho prenotato la camera ieri.
Ich habe das Zimmer gestern reserviert.
Non ho fame, ho già mangiato.
Ich habe keinen Hunger, ich habe schon gegessen.

Das regelmäßige **Partizip** wird wie folgt gebildet:

-are	**-ere**	**-ire**
mangi**ato**	pot**uto**	cap**ito**

!

Die regelmäßigen Partizipien der Verben auf **-cere** benötigen – der Aussprache wegen – ein i vor der Endung, z.B. **conoscere – conosciuto**.

LÖSUNGEN:

a) **1.** lavorato, **2.** dormito, **3.** avuto, **4.** finito, **5.** conosciuto, **6.** potuto, **7.** mangiato, **8.** saputo, **9.** prenotato, **10.** sentito; b) **1.** Maria ha telefonato. **2.** Vi ho invitato a cena. **3.** Abbiamo preparato la pasta. **4.** Hai comprato il libro? **5.** Avete ascoltato la musica? **6.** I bambini hanno dormito. **7.** Ho conosciuto Michele. **8.** Non abbiamo mangiato niente. **9.** Avete sentito un rumore?

51 Un'escursione

a Ordnen Sie die Wörter den Bildern zu.*

vulcano - spiaggia - montagna - costa - campagna - città

1. ______ **2.** ______ **3.** ______

4. ______ **5.** ______ **6.** ______

b Hier sind einige Wörter durcheinandergeraten. Wie heißen sie?**

1. necuressio ______ **4.** redelebve ______

2. ioeggpasa ______ **5.** toratg ______

3. nrtndioi ______ **6.** llosteca ______

51 Ein Ausflug

Vielleicht planen Sie einen Ausflug in Italien? Eine Auswahl von Wörtern, die Ihnen dabei hilft:

Un'escursione	*Ein Ausflug*		
la gita	*Ausflug*	il passo	*Pass*
la città	*Stadt*	la gola	*Schlucht*
la campagna	*Land*	il paesaggio	*Landschaft*
la costa	*Küste*	l'entroterra	*Hinterland*
la spiaggia	*Strand*	i dintorni	*Umgebung*
il porto	*Hafen*	il castello	*Schloss*
lo scoglio	*Klippe*	il mercato	*Markt*
il vulcano	*Vulkan*	il museo	*Museum*
la montagna	*Gebirge*	il parco	*Park*
la valle	*Tal*	la torre	*Turm*
la grotta	*Grotte, Höhle*	il belvedere	*Aussichtspunkt*

Denken Sie an angemessene Kleidung, wenn Sie eine italienische Kirche besichtigen wollen. Bei Frauen sollten Knie und Schultern bedeckt sein, für Männer sind lange Hosen und bedeckte Schultern angebracht.

LÖSUNGEN:

a) **1.** campagna, **2.** città, **3.** vulcano, **4.** spiaggia, **5.** montagna, **6.** costa; b) **1** escursione, **2.** paesaggio, **3.** dintorni, **4.** belvedere, **5.** grotta, **6.** castello

52 Essere o avere?

a Welches der Partizipien ist korrekt?*

1. Gianni e Cristina sono appena **salito/saliti** sul treno.
2. Dario è **andato/andata** in Italia domenica.
3. Lucia e Sara sono **arrivati/arrivate** ieri.
4. I bambini sono **partito/partiti** per l'Italia.
5. Stefano e Patrizia sono **tornati/tornate** sabato.
6. Claudia è **venuto/venuta** con me.

b **Essere** oder **avere**? Setzen Sie das richtige Hilfsverb ein.**

1. Mario ____________ andato in montagna.
2. Loro ____________ lavorato fino a tardi.
3. (Noi) ____________ partiti presto.
4. (Voi) ____________ mangiato bene in quel ristorante?
5. Maria non ____________ venuta al cinema.
6. Marco e Paola ____________ mandato le foto della gita.
7. I miei genitori ____________ passeggiato un po'.
8. Marcello, ____________ nuotato tanto?

52 *Passato prossimo* mit *essere*

Wird das **passato prossimo** mit **essere** gebildet, so richtet sich das Partizip in Geschlecht und Zahl nach dem Subjekt.

Laura è andat**a** a teatro. — *Laura ist ins Theater gegangen.*

Besteht das Subjekt aus mehreren Personen oder Substantiven unterschiedlichen Geschlechts, so nimmt das Partizip die männliche Pluralform an:

Clara e Francesco sono partit**i**. — *Clara und Francesco sind abgereist.*

Verben, die einen Ortswechsel oder eine Veränderung bezeichnen, bilden das **passato prossimo** mit **essere**, z.B.

andare	*gehen*	salire	*(ein)steigen*	arrivare	*ankommen*
venire	*kommen*	scendere	*aussteigen*	partire	*weggehen*
diventare	*werden*	invecchiare	*altern*	crescere	*wachsen*

!

Bei Verben, die eine Bewegungsart ausdrücken, wird das **passato prossimo** in der Regel mit **avere** gebildet:

Ho camminato/passeggiato/nuotato.

Ich bin gelaufen/spazieren gegangen/geschwommen.

LÖSUNGEN:

a) **1.** saliti, **2.** andato, **3.** arrivate, **4.** partiti, **5.** tornati, **6.** venuta; b) **1.** è, **2.** hanno, **3.** siamo, **4.** avete, **5.** è, **6.** hanno, **7.** hanno, **8.** hai

53 Quanto sei bella Roma!

Was gehört hier nicht nach Rom? Kreuzen Sie an.*

1. ☐ **A** Santa Maria Novella
☐ **B** San Giovanni in Laterano
☐ **C** San Pietro fuori le mura

2. ☐ **A** Palazzo Chigi
☐ **B** Palazzo Pitti
☐ **C** Palazzo Madama

3. ☐ **A** Piazza di Spagna
☐ **B** Campo de' Fiori
☐ **C** Piazza del Campo

4. ☐ **A** Circo Massimo
☐ **B** Colosseo
☐ **C** Arena

5. ☐ **A** Ponte dei Sospiri
☐ **B** Ponte Sant'Angelo
☐ **C** Ponte Sisto

6. ☐ **A** Villa Doria Pamphilj
☐ **B** Villa Pisani
☐ **C** Villa Borghese

7. ☐ **A** Musei Capitolini
☐ **B** Musei Vaticani
☐ **C** Galleria degli Uffizi

8. ☐ **A** Stazione Santa Lucia
☐ **B** Stazione Termini
☐ **C** Statione Tiburtina

53 Rom

Rom ist **la capitale** *(Hauptstadt)* Italiens und auch **il capoluogo** *(Hauptstadt)* der Region Lazio.

Rom ist auf sieben Hügeln - **sette colli** - erbaut: Aventino, Campidoglio oder auch Monte Capitolino, Celio, Equilino, Palatino, Quirinale, Viminale.

Ist in italienischen Zeitungen oder Nachrichten die Rede vom **Quirinale**, so ist damit in der Regel nicht der Hügel, sondern der italienische Präsident gemeint - er hat seinen Amtssitz auf diesem Hügel.
Der **Palazzo Chigi** ist der Sitz der italienischen Regierung, **Palazzo Madama** Sitz des Senates. Im **Palazzo Montecitorio** hat die Abgeordnetenkammer ihren Sitz.

Rom, die ewige Stadt, **la Città Eterna**, wurde und wird gerne besungen. Eine kleine Auswahl an Liedern über Rom:
"Roma non fa' la stupida stasera", Claudio Villa
"Arrivederci Roma", Renato Rascel
"Vacanze romane", Matia Bazar
"Roma capoccia", Antonello Venditti

LÖSUNGEN:
1. a, **2.** b, **3.** c, **4.** c, **5.** a, **6.** b, **7.** c, **8.** a

54 Che bel ragazzo

a Setzen Sie die passende Adjektivform in die Lücke ein.*

bel – buone – bella – buoni – begli – buon – bei – bravo

1. È proprio una ________________ giornata oggi!
2. ________________ appetito!
3. Tuo figlio è veramente un ________________ ragazzo.
4. Ho comprato delle ________________ mele.
5. Mio fratello è un ________________ studente.
6. Laura ha dei ________________ occhi.
7. Lucia ha preparato dei ________________ spaghetti.
8. A Roma ci sono dei ________________ palazzi.

b Ergänzen Sie mit der korrekten Form von **bello**.**

1. un __________ zaino
2. un __________ armadio
3. un __________ ragazzo
4. dei __________ monumenti
5. dei __________ alberi

54 Die Adjektive *buono* und *bello*

Die Adjektive **buono** und **bello** haben vor männlichen Substantiven besondere Formen.

buono

	männl. Singular	**männl. Plural**
vor Konsonant	un buon vino	dei buoni vini
vor Vokal	un buon amico	dei buoni amiciun
vor **s** + Konsonant oder vor **z, gn, pn, ps, x**	buono zio	dei buoni zii

bello

	männl. Singular	**männl. Plural**
vor Konsonant	un bel libro	dei bei libri
vor Vokal	un bell'albero	dei begli alberi
vor **s** + Konsonant oder vor **z, gn, pn, ps, x**	un bello zaino	dei begli zaini

LÖSUNGEN:

a) **1.** bella, **2.** buon, **3.** bel, **4.** buone, **5.** bravo, **6.** begli, **7.** buoni, **8.** bei;
b) **1.** bello, **2.** bell', **3.** bel, **4.** bei, **5.** begli

55 I pro e i contro

a Die folgenden Sätze wurden auseinandergerissen. Was gehört zusammen? *

1. Sono favorevole	___	**A**	non va bene.
2. La ritengo	___	**B**	l'idea.
3. Non mi piace	___	**C**	raccolta differenziata.
4. Secondo me	___	**D**	comprare dei vuoti a perdere.
5. Per me è meglio	___	**E**	al riciclaggio degli imballaggi.
6. Sono contrario alla	___	**F**	una buona cosa.

b Diese Sätze sind durcheinandergeraten. Bringen Sie sie in die richtige Reihenfolge.**

1. vengono - anche - rifiuti organici - chiamati - i - rifiuti umidi.

____.

2. porta a porta - i rifiuti - a - raccolti - Milano - vengono.

____.

3. essere - gli imballaggi - riciclati - in plastica - possono.

____.

4. in discarica - di - tipi - materiali - portare - possono - vari - si

____.

55 Meinungen äußern

So können Sie in einer Diskussion Ihre **Meinung vertreten**:

Secondo me ...	*Meiner Meinung nach ...*
A me sembra/pare ...	*Mir scheint es ...*

Und so können Sie sagen, ob Ihnen etwas **gefällt oder nicht**:

Lo ritengo buono/cattivo/ necessario/superfluo.	*Ich halte es für gut/schlecht/ notwendig/überflüssig.*
Mi piace/non mi piace ...	*Mir gefällt/mir gefällt nicht ...*
Sono favorevole a ...	*Ich bin für ...*
Sono contrario a ...	*Ich bin gegen ...*

!

Verwechseln Sie nicht **non mi piace** *es gefällt mir nicht* mit **mi dispiace** *es tut mir leid.*

ABC

La tutela dell'ambiente *Umweltschutz*

i rifiuti	*Müll*	il vuoto a rendere	*Mehrwegflasche*
lo smaltimento	*Müllverbrennung*	il vuoto a perdere	*Einwegflasche*
la discarica	*Müllhalde*	i rifiuti organici	*Biomüll*

LÖSUNGEN:

a) **1.** e, **2.** f, **3.** b, **4.** a, **5.** d, **6.** c; b) **1.** I rifiuti organici vengono chiamati anche rifiuti umidi. **2.** A Milano i rifiuti vengono raccolti porta a porta. **3.** Gli imballaggi in plastica possono essere riciclati. **4.** In discarica si possono portare vari tipi di materiali.

56 Per carità e per fortuna

a Ergänzen Sie die Lücken in den Sätzen.*

cento - me - posta - Roma - favore - fortuna

1. Mi passi il sale, per ________ ?
2. Questo appartamento va bene per ________ .
3. Per ________ ho finalmente trovato le mie chiavi.
4. È meglio spedire la lettera per ________ aerea.
5. I miei amici sono partiti per ________ .
6. Marcello ne è sicuro al cento per ________.

b Vervollständigen Sie die Sätze mit den passenden Satzteilen.**

1. Hai trovato una scusa	___	**A** per non avere freddo.
2. Prendiamo l'aereo	___	**B** per risparmiare.
3. Possiamo andare a piedi	___	**C** per non andare con loro?
4. Mi metto un maglione	___	**D** per dormire bene.
5. La sera prendo una tisana	___	**E** per arrivare in centro.
6. Dovete girare a destra	___	**F** per andare a Londra.

56 Die Präposition *per*

Die Präposition **per** wird verwendet:

1 Im zeitlichen Kontext, um die Dauer einer abgeschlossenen Aktion auszudrücken.
Ho studiato l'italiano per due anni.
Ich habe zwei Jahre lang Italienisch gelernt.

2 Im räumlichen Kontext, um einen Zielort zu bezeichnen.
Siamo partiti per Roma.
Wir sind nach Rom abgereist.

3 Um einen Zweck auszudrücken.
Devo risparmiare per comprarmi la macchina.
Ich muss sparen, um mir ein Auto zu kaufen.

Einige **Wendungen mit *per***:

per esempio	*zum Beispiel*	per fortuna	*zum Glück*
per sbaglio	*aus Versehen*	per un pelo	*um ein Haar*
per affari	*geschäftlich*	per amore	*aus Liebe*
per di più	*darüber hinaus*	per carità	*um Himmels Willen*

LÖSUNGEN:

a) **1.** favore, **2.** me, **3.** fortuna, **4.** posta, **5.** Roma, **6.** conto; b) **1.** c, **2.** f, **3.** h
4. a, **5.** d, **6.** e

57 Animali domestici ed altri animali

a Finden Sie die Tiere in der Wortschlange.*

sibmaialeloviasinoqizuxpescestucicaprappoeaxgattolumincanewapb.

1. ______
2. ______
3. ______
4. ______
5. ______
6. ______

b Diese Tiere sind durcheinandergeraten. Wie heißen sie richtig?**

1. alacvol ______
2. eclolcu ______
3. roepac ______
4. oraolcpi ______
5. zarazan ______
6. eap ______
7. nagalli ______
8. lrfalfaa ______

57 Einblick in die Tierwelt

Eine kleine Auswahl an Haustieren (**animali domestici**) und anderen Tieren:

ABC

Gli animali	*Tiere*		
il cane	*Hund*	il pollo	*Huhn*
il gatto	*Katze*	la gallina	*Henne*
il pesce	*Fisch*	il gallo	*Hahn*
l'uccello	*Vogel*	l'ape	*Biene*
il cavallo	*Pferd*	la mosca	*Fliege*
l'asino	*Esel*	la farfalla	*Schmetterling*
il maiale	*Schwein*	la zanzara	*Schnake*
la vacca	*Kuh*	il capriolo	*Reh*
la pecora	*Schaf*	la capra	*Ziege*

Einige „tierische" Redewendungen:

In bocca al lupo!	*Hals- und Beinbruch!*
essere solo come un cane	*mutterseelenallein sein*
essere a cavallo	*über den Berg sein*

LÖSUNGEN:

a) **1.** maiale, **2.** asino, **3.** pesce, **4.** capra, **5.** gatto, **6.** cane; b) **1.** cavallo, **2.** uccello, **3.** pecora, **4.** capriolo, **5.** zanzara, **6.** ape, **7.** gallina, **8.** farfalla

58 Le regioni d'Italia

a Welche Städte sind hier abgebildet, und in welcher Region liegen sie?*

1. ______ **2.** ______ **3.** ______

b Ordnen Sie die italienischen Städte der Region, in der sie liegen, zu.**

1. Torino	___	**A** Umbria
2. Cagliari	___	**B** Puglia
3. Perugia	___	**C** Trentino-Alto Adige
4. Lecce	___	**D** Sardegna
5. Verona	___	**E** Lazio
6. Bolzano	___	**F** Liguria
7. Genova	___	**G** Campania
8. Napoli	___	**H** Veneto
9. Roma	___	**I** Piemonte

58 Die italienischen Regionen

Italien ist unterteilt in zwanzig Regionen (**regioni**). Diese sind:

Valle d'Aosta, Piemonte, Lombardia, Trentino-Alto Adige, Veneto, Friuli Venezia Giulia, Liguria, Emilia Romagna, Toscana, Umbria, Le Marche, Lazio, Abruzzo, Molise, Campania, Puglia, Basilicata, Calabria, Sicilia, Sardegna.

Fünf dieser Regionen, nämlich Friuli Venezia Giulia, Sardegna, Valle d'Aosta, Trentino-Alto Adige und Sicilia besitzen aufgrund kultureller bzw. sprachlicher Besonderheiten einen Sonderstatus (**statuto speciale**), der ihnen - in gewissem Rahmen - Autonomie verleiht.

Wussten Sie, dass in Italien nicht nur Italienisch und - in Südtirol - Deutsch gesprochen wird?

In Italien gibt es weitere **sprachliche Minderheiten** - Albanisch, Katalanisch und Griechisch. Franco-Provenzalisch, Ladinisch, Sardisch und Friulanisch gelten sogar als eigenständige Sprachen.

LÖSUNGEN:

a) **1.** Venezia im Veneto, **2.** Milano in der Lombardia, **3.** Siena in der Toscana;
b) **1.** i, **2.** d, **3.** a, **4.** b, **5.** h, **6.** c, **7.** f, **8.** g, **9.** e

59 Che tempo fa oggi?

a Welche Aussage trifft zu? Kreuzen Sie an.*

1. ☐ **A** fa caldo
☐ **B** fa freddo

2. ☐ **A** piove
☐ **B** nevica

3. ☐ **A** cielo nuvoloso
☐ **B** cielo sereno

b Ergänzen Sie die Wettervorhersage.**

nebbie – sole – maltempo – nevicate – pressione – piogge – mosso

1. Giovedì ______________ con piogge e temporali.
2. Una perturbazione porta ______________ al Nord.
3. Venerdì torna l'alta ______________ .
4. A Palermo ______________ e massime tra i 30 e i 32 gradi.
5. Mar Adriatico molto ______________ .
6. Fitte ______________ in Pianura Padana.
7. Forti ______________ sulle Alpi al di sopra degli 800 metri.

59 Was für ein Wetter!

Um einen italienischen Wetterbericht zu verstehen, sollten Sie wissen, dass mit **Italia Settentrionale** Norditalien gemeint ist. Süditalien wird als **Italia Meridionale** bezeichnet, **Italia Centrale** ist Mittelitalien.

ABC

Che tempo fa? Wie ist das Wetter?

il sole	*Sonne*	sereno	*heiter*
la pioggia	*Regen*	la temperatura	*Temperatur*
la neve	*Schnee*	il calo	*Rückgang*
la nebbia	*Nebel*	l'aumento	*Anstieg*
il temporale	*Gewitter*	l'alta pressione	*Hochdruck*
la grandine	*Hagel*	la bassa pressione	*Tiefdruck*
il maltempo	*Unwetter*	il vento	*Wind*
nuvoloso	*bewölkt*	mosso	*bewegt*

So können Sie jemandem mitteilen, wie das Wetter gerade ist:

Fa bel tempo./Fa bello.	*Es ist schönes Wetter.*
Fa brutto tempo./Fa brutto.	*Es ist schlechtes Wetter.*

!

Verwechseln Sie nicht warm und kalt:

fa caldo es ist warm ↔ **fa freddo** es ist kalt

LÖSUNGEN:

a) **1.** b, **2.** a, **3.** a; b) **1.** maltempo, **2.** piogge, **3.** pressione, **4.** sole, **5.** mosso, **6.** nebbie, **7.** nevicate

60 Il futuro

a Schreiben Sie die Futurformen der Verben.*

1. scrivere: lui ______

2. finire: loro ______

3. parlare: io ______

4. arrivare: voi ______

5. dormire: noi ______

6. prendere: tu ______

7 sentire: io ______

8. scendere: lei ______

b Setzen Sie die Sätze ins Futur.**

1. Parlo italiano. ______

2. Matteo suona il flauto. ______

3. Sono le sette. ______

4. Partono per l'Italia. ______

5. Papà non ti crede. ______

6. La zucca pesa almeno tre chili. ______

60 Das Futur

Das Futur bezeichnet zukünftige Vorgänge.
Andremo in Italia in agosto.
Wir werden im August nach Italien fahren.

In der Umgangssprache wird es häufig durch das Präsens ersetzt.
Marco arriva domani.
Morgen kommt Marco.

	parlare *(reden)*	**scrivere** *(schreiben)*	**sentire** *(hören)*
io	parl**erò**	scriv**erò**	sent**irò**
tu	parl**erai**	scriv**erai**	sent**irai**
lui, lei, Lei	parl**erà**	scriv**erà**	sent**irà**
noi	parl**eremo**	scriv**eremo**	sent**iremo**
voi	parl**erete**	scriv**erete**	sent**irete**
loro	parl**eranno**	scriv**eranno**	sent**iranno**

Das Futur kann auch verwendet werden, um eine Vermutung auszudrücken:
Hanno suonato. Sarà Laura. *Es hat geklingelt. Das wird Laura sein.*

LÖSUNGEN:

a) **1.** scriverà, **2.** finiranno, 3. parlerò, **4.** arriverete, **5.** dormiremo, **6.** prenderai, **7.** sentirò, **8.** scenderà; b) **1.** Parlerò italiano. **2.** Matteo suonerà il flauto. **3.** Saranno le sette. **4.** Partiranno per l'Italia. **5.** Papà non ti crederà. **6.** La zucca peserà almeno tre chili.

61 Dal medico

Was sagen Sie, wenn... *

1. ... Sie Zahnschmerzen haben?
- ☐ **A** Ho mal di testa.
- ☐ **B** Ho mal di pancia.
- ☐ **C** Ho mal di denti.

2. ... Sie Fieber haben?
- ☐ **A** Ho la febbre.
- ☐ **B** Ho la tosse.
- ☐ **C** Ho l'influenza.

3. ... Ihr Bauch schmerzt?
- ☐ **A** Mi fa male la bocca.
- ☐ **B** Mi fa male la pancia.
- ☐ **C** Mi fa male il gomito.

4. ... Sie sich übergeben haben?
- ☐ **A** Mi sono addormentato.
- ☐ **B** Ho vomitato.
- ☐ **C** Mi sono scottato.

Was sagt der Arzt, wenn ...

5. ... er Ihnen Ruhe verordnet?
- ☐ **A** Stia bene.
- ☐ **B** Stia tranquillo.
- ☐ **C** Stia a riposo.

6. ... er Ihnen Tabletten gibt?
- ☐ **A** Prenda queste compresse.
- ☐ **B** Prenda questo sciroppo.
- ☐ **C** Prenda queste caramelle.

7. ... Sie die Grippe haben?
- ☐ **A** È un indigestione.
- ☐ **B** È una scottatura.
- ☐ **C** È l'influenza.

8. ... Sie nichts Fettes essen sollen?
- ☐ **A** Non mangi dolci.
- ☐ **B** Non mangi grassi.
- ☐ **C** Non mangi burro.

61 Ein Arztbesuch

So können Sie Ihrem Arzt mitteilen, **was Ihnen fehlt**:

Ho mal di gola.	*Ich habe Halsschmerzen.*
Sono svenuto/a.	*Ich bin ohnmächtig geworden.*

Diese **Anweisungen** könnte Ihnen der **Arzt** erteilen:

Apra la bocca.	*Öffnen Sie den Mund.*
Si spogli, per favore.	*Machen Sie sich bitte frei.*
Respiri profondamente.	*Atmen Sie tief ein.*

Und nach der Untersuchung **gibt** er Ihnen vielleicht diesen **Rat**:

Prenda queste compresse.	*Nehmen Sie diese Tabletten.*
Stia a letto.	*Bleiben Sie im Bett.*

ABC

(Medici) specialisti — *Fachärzte*

il dentista	*Zahnarzt*	il dermatologo	*Hautarzt*
l'oculista	*Augenarzt*	l'otorinolaringoiatra	*HNO-Arzt*
il pediatra	*Kinderarzt*	il ginecologo	*Gynäkologe*
il neurologo	*Neurologe*	l'urologo	*Urologe*

Den unaussprechlichen Hals-Nasen-Ohren-Arzt kürzen Italiener gerne ab. Fragen Sie einfach nach einem **otorino**, wenn Sie Beschwerden haben.

LÖSUNGEN:

1. c, **2.** a, **3.** b, **4.** b, **5.** c, **6.** a, **7.** c, **8.** b

62 Mi raccomando!

a Bilden Sie die Reflexivform der Verben.*

1. lavarsi (tu) ____________
2. vergognarsi (loro) ____________
3. divertirsi (io) ____________
4. alzarsi (lei) ____________
5. permettersi (noi) ____________
6. sentirsi (voi) ____________

b Finden Sie die Reflexivformen in der Wortschlange.*

labusimeraviglianosblofasipermettemapaltialzisobur
asciauguriamolefarsidivertezalefomiraccomandobelspo.

1. ____________
2. ____________
3. ____________
4. ____________
5. ____________
6. ____________

62 Die Reflexivverben

Reflexive, d. h. rückbezügliche, Verben werden zusammen mit dem Reflexivpronomen gebraucht.

	lavarsi *(sich waschen)*	**permettersi** *(sich erlauben)*	**divertirsi** *(sich amüsieren)*
io	**mi** lav**o**	**mi** permett**o**	**mi** divert**o**
tu	**ti** lav**i**	**ti** permett**i**	**ti** divert**i**
lui, lei, Lei	**si** lav**a**	**si** permett**e**	**si** divert**e**
noi	**ci** lav**iamo**	**ci** permett**iamo**	**ci** divert**iamo**
voi	**vi** lav**ate**	**vi** permett**ete**	**vi** divert**ite**
loro	**si** lav**ano**	**si** permett**ono**	**si** divert**ono**

Reflexive Verben bilden das Perfekt in der Regel mit dem Hilfsverb **essere.**

Mi sono lavato/a le mani. *Ich habe mir die Hände gewaschen.*

Einige Redewendungen mit Reflexivverben, die in Italien häufig zu hören sind:

Mi raccomando! *Ich möchte doch sehr bitten!*
Figurati! *Denk dir nur!/Gern geschehen!*
Vattene! *Hau ab!*

LÖSUNGEN:

a) **1.** ti lavi, **2.** si vergognano, **3.** mi diverto, **4.** si alza, **5.** ci permettiamo, **6.** vi sentite; b) **1.** si meravigliano, **2.** si permette, **3.** ti alzi, **4.** ci auguriamo, **5.** si diverte, **6.** mi raccomando

63 Sto male

a Wer sagt was? Kreuzen Sie an.*

	A Patient	B Arzt
1. Si faccia una camomilla.	☐	☐
2. Mi fa male una gamba.	☐	☐
3. Stamattina ho vomitato.	☐	☐
4. Prenda lo sciroppo due volte al giorno.	☐	☐
5. Stia a riposo fino a domani.	☐	☐
6. Ho la nausea e le vertigini.	☐	☐
7. Non è niente di grave.	☐	☐

b Welcher Satzteil auf der rechten Seite gehört zum Satzanfang auf der linken? Ordnen Sie zu.**

1. Mamma, ho la	___	A male la pancia.
2. Mi fa	___	B preso il raffreddore.
3. Mi sono scottato	___	C tosse terribile.
4. Che mal	___	D febbre a quaranta.
5. Mannaggia, ho	___	E di denti!
6. Ho una	___	F tutto il braccio.

63 Krank in Italien

Mit der europäischen Krankenversicherungskarte können Sie sich, wenn nötig, in Italien behandeln lassen. Zuständig ist dafür der staatliche Gesundheitsdienst, **il Servizio Sanitario Nazionale (SSN)**.

Häufig müssen Sie die Rechnung vor Ort bar bezahlen. Sie können diese dann bei Ihrer Kasse zur Kostenerstattung einreichen.

ABC

Le malattie	*Krankheiten*		
il raffreddore	*Erkältung*	l'allergia	*Allergie*
la tosse	*Husten*	l'attacco	*Anfall*
l'influenza	*Grippe*	la frattura	*Bruch*
la febbre	*Fieber*	lo stiramento	*Zerrung*
la nausea	*Übelkeit*	la ferita	*Wunde, Verletzung*
la diarrea	*Durchfall*	l'ustione	*Verbrennung*
le vertigini	*Schwindel*	la scottatura (del sole)	*Sonnenbrand*

LÖSUNGEN:

a) **1.** b, **2.** a, **3.** a, **4.** b, **5.** b, **6.** a, **7.** b; b) **1.** d, **2.** a, **3.** f, **4.** e, **5.** b, **6.** c

64 Sara si fa la doccia

a Welche Körperpflegeprodukte sind hier abgebildet?*

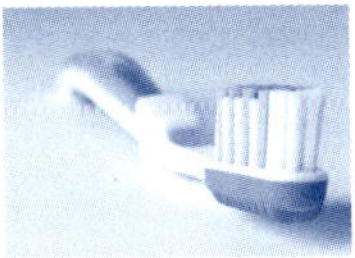

1. ______________ **2.** ______________ **3.** ______________

b Ergänzen Sie die Sätze mit der konjugierten Form des jeweils passenden Verbs.**

truccarsi - darsi - lavarsi - pettinarsi - farsi - asciugarsi - farsi

1. Ogni mattina, Sara ________ ______________ la doccia.
2. Enrico ________ ______________ i capelli tre volte la settimana.
3. Luisa ________ ______________ per essere più bella.
4. (Io) ________ ______________ la crema idratante sulle mani.
5. Matteo e Silvio ________ ______________ la barba ogni giorno.
6. Dopo essersi fatto la doccia, Lorenzo ________ ______________ .
7. Hai bisogno del pettine per ______________________?

ABC

64 Körperpflege

Verben, die im Zusammenhang mit der Körperpflege verwendet werden, sind häufig reflexiv, z. B.:

lavarsi	*sich waschen*	pettinarsi	*sich kämmen*
farsi la doccia	*duschen*	vestirsi	*sich anziehen*
farsi il bagno	*baden*	farsi la barba	*sich rasieren*
asciugarsi	*sich abtrocknen*	truccarsi	*sich schminken*

ABC

La cura del corpo *Körperpflege*

la spazzola	*Bürste*	il sapone	*Seife*
lo spazzolino da denti	*Zahnbürste*	lo shampoo	*Shampoo*
il dentifricio	*Zahnpasta*	il fon	*Föhn*
la crema	*Creme*	il profumo	*Parfüm*
il deodorante	*Deodorant*	il rasoio	*Rasierapparat*
il bagnoschiuma	*Schaumbad*	lo specchio	*Spiegel*
la barba	*Bart*	i baffi	*Schnauzbart*

Ein paar Redewendungen rund um den Bart:

Che barba quel tipo!	*Was für ein Langweiler!*
farla in barba a qualcuno	*jdn. hinters Licht führen*
ridere sotto i baffi	*sich ins Fäustchen lachen*

LÖSUNGEN:

a) **1.** lo spazzolino da denti, **2.** il sapone, **3.** il profumo; b) **1.** si fa, **2.** si lava, **3.** si trucca, **4.** mi do, **5.** si fanno, **6.** si asciuga, **7.** pettinarti

65 Facile o difficilmente?

a Bilden Sie die Adverbien zu den Adjektiven.*

1. facile ____________
2. lento ____________
3. elegante ____________
4. veloce ____________
5. tipico ____________
6. regolare ____________
7. semplice ____________
8. libero ____________
9. certo ____________
10. naturale ____________

b Adjektiv oder Adverb? Unterstreichen Sie die richtige Form.**

1. Alessandro impara **facile/facilmente** le lingue.
2. Paola si comporta **corretto/correttamente**.
3. Mio figlio è molto **veloce/velocemente**.
4. Molto **probabile/probabilmente** andremo in Italia quest'anno.
5. Tua madre ha preparato una cena **abbondante/ abbondantemente**.
6. Domani sono **libera/liberamente** per uscire con te.
7. **Sfortunato/sfortunatamente** sono arrivato troppo tardi.
8. Bologna è una città **tipica/tipicamente** italiana.
9. Secondo me, è **naturale/naturalmente** dormire di notte.

65 Adverbien

Adverbien dienen zur näheren Bestimmung von Verben, Adjektiven, anderen Adverbien oder auch von ganzen Sätzen.

Adverbien, die sich von Adjektiven ableiten, werden durch Anhängen der Endung **-mente** gebildet.

Bei Adjektiven, die auf **-o/-a** enden, wird die Endung an die weibliche Form angehängt:

certo *(sicher, gewiss)*	cert**amente**

Bei Adjektiven, die auf -e enden, schließt die Endung -mente direkt an:

veloce *(schnell)*	velocemente

Bei Adjektiven, die auf **-le** oder **-re** enden, entfällt beim Adverb das **-e** vor *-mente.*

naturale *(natürlich)*	naturalmente

!

Einige Adjektive haben besondere Adverbformen:

buono → bene	migliore → meglio
cattivo → male	peggiore → peggio

LÖSUNGEN:

a) **1.** facilmente, **2.** lentamente, **3.** elegantemente, **4.** velocemente, **5.** tipicamente, **6.** regolarmente, **7.** semplicemente, **8.** liberamente, **9.** certamente, **10.** naturalmente; b) **1.** facilmente, **2.** correttamente, **3.** veloce, **4.** probabilmente, **5.** abbondante, **6.** libera, **7.** sfortunatamente, **8.** tipicamente, **9.** naturale

66 Non sono mica stanco!

a Vervollständigen Sie die Übersetzungen mit den fehlenden Teilen der doppelten Verneinung.*

1. Warum gehen wir nie ins Kino?

   Perché ________ andiamo ________ al cinema?

2. Heute Abend kommt niemand.

   Stasera ________ viene ________ .

3. Das macht doch nichts.

   Ma ________ fa ________ .

4. Lucia ist nicht mehr gekommen.

   Lucia ________ è ________ venuta.

b Diese Sätze sind durcheinandergeraten. Bringen Sie sie in die richtige Reihenfolge.**

1. Carlo - non - né - ho - Rosanna - visto - né.

   ____.

2. tornato - ancora - Stefano -casa - non - a - è.

   ____.

3. stanco - mica - sono - non.

   ____.

4. ho neppure - con - non - madre - parlato - tua.

   ____.

66 Die mehrteilige Verneinung

Bei der **mehrteiligen Verneinung** steht **non** vor dem Verb, der zweite Teil der Verneinung folgt dem Verb.

Non vado mai al mare.	*Ich gehe nie ans Meer.*
Non mi piace affatto.	*Das gefällt mir überhaupt nicht.*
Non vedo né Anna né Marco.	*Ich sehe weder Anna noch Marco.*

Ausdrücke, die eine mehrteilige Verneinung bilden:

non ... ancora	*noch nicht*	non ... mica	*keineswegs*
non ... affatto	*überhaupt nicht*	non ... né ... né	*weder noch*
non ... mai	*nie/niemals*	non ... più	*nicht mehr*
non ... nessuno	*niemand*	non ... niente	*nichts*
non ... neanche/ nemmeno/neppure	*nicht einmal*	non ...nulla	*nichts*

Um eine Verneinung besonders hervorzuheben, kann der zweite Teil der Verneinung auch vor dem Verb stehen. In diesem Fall entfällt **non**:

Nessuno è venuto!	*Keiner ist gekommen!*
Neanch'io ci vado!	*Ich gehe auch nicht dort hin!*

LÖSUNGEN:

a) **1.** non ... mai, **2.** non ... nessuno, **3.** non ... niente, **4.** non ... più; b) **1.** Non ho visto né Carlo né Rosanna. **2.** Stefano non è ancora tornato a casa. **3.** Non sono mica stanco. **4.** Non ho neppure parlato con tua madre.

67 Giornali e televisione in Italia

a Finden Sie in der Wortschlange 6 Begriffe aus dem Bereich Medien.*

larustelegiornalemadlopubblicità
talvometeosimiragialloloprequo
tidianoenstdocumentariobaldos

1. ____________
2. ____________
3. ____________
4. ____________
5. ____________
6. ____________

b Finden Sie die passende Antwort und kreuzen Sie sie an.**

1. italienische Tageszeitung
- ☐ **A** La Repubblica
- ☐ **B** Bell'Italia

2. italienischer Fernsehsender
- ☐ **A** Raiuno
- ☐ **B** Il Resto del Carlino

3. italienische Zeitschrift
- ☐ **A** La Stampa
- ☐ **B** Gioia

4. italienische Wirtschaftszeitung
- ☐ **A** Il Sole 24 ore
- ☐ **B** Famiglia Cristiana

67 Die italienische Medienlandschaft

In Italien ist es unüblich, eine Zeitung (**un giornale**) zu abbonieren. Zeitungen werden **in edicola** - am Kiosk - gekauft oder in der Bar gelesen. Die wichtigsten überregionalen Tageszeitungen (**quotidiani**) in Italien sind der **„Corriere della Sera"**, **„La Repubblica"** und **„La Stampa"**. Diese erscheinen auch sonntags. **„Il sole 24 ore"** ist die meistgelesene Wirtschaftszeitung.

Vielleicht ist Ihnen in Italien schon einmal eine komplett rosafarbene Zeitung ins Auge gestochen? Es ist die **„Gazzetta dello Sport"** - eine der auflagenstärksten Zeitungen Italiens.

Die **Radiotelevisione Italiana RAI** mit ihren Programmen **Raiuno, Raidue** und **Raitre** ist die öffentlich-rechtliche Rundfunkanstalt Italiens. Es gibt außerdem eine Vielzahl von Privatsendern, darunter die quotenstarken **Canale 5**, **Rete 4** und **Italia 1**, die zu Silvio Berlusconis Medienimperium **Mediaset** gehören.

ABC

La televisione	*Fernsehen*		
il telegiornale	*Fernsehnachrichten*	il meteo	*Wetterbericht*
il cartone animato	*Zeichentrickfilm*	la telenovela	*Seifenoper*
il (film) giallo	*Kriminalfilm*	la pubblicità	*Werbung*
il documentario	*Dokumentarfilm*	il quiz	*Quizsendung*

LÖSUNGEN:

a) **1.** telegiornale, **2.** pubblicità, **3.** meteo, **4.** giallo, **5.** quotidiano, **6.** documentario; b) **1.** a, **2.** a, **3.** b, **4.** a

68 Le piace chattare?

a Ergänzen Sie die Sätze.*

computer - chattare - ricerche - acquisti - e-mail

1. Uso il computer per fare ______________ online.
2. Mi piace ______________ con la mia amica.
3. Mio figlio passa molto tempo davanti al ______________.
4. Alessandra scrive un' ______________ alla sua amica tedesca.
5. Mauro usa il computer per fare ______________ in Internet.

b Diese Begriffe aus dem Bereich Internet und Computer sind durcheinander geraten. Wie heißen sie richtig?**

1. osmue ______________
2. ttachare ______________
3. moersch ______________
4. netterin ______________
5. etasrati ______________
6. terpucom ______________
7. ricacer ______________
8. virenaga ______________

68 Internet und Computer

Viele italienische Begriffe im Bereich Internet und Computer wurden aus dem Englischen übernommen. In der folgenden Liste tauchen aber auch Begriffe auf, die Sie sich aus dem Deutschen herleiten können.

ABC

Internet e computer		*Internet und Computer*	
il computer	*Computer*	internet	*Internet*
lo schermo	*Bildschirm*	l'e-mail	*E-Mail*
la tastiera	*Tastatur*	la ricerca	*Recherche*
il mouse	*Maus*	l'acquisto online	*Online-Kauf*
la stampante	*Drucker*	navigare su Internet	*im Internet surfen*
la webcam	*Webcam*	in rete	*im Netz*
il CD	*CD*	chattare	*chatten*
la chiavetta USB	*USB-Stick*	cliccare su qualcosa	*etw. anklicken*

In Italien wird das Worldwide Web www [vu vu vu] ausgesprochen.

LÖSUNGEN:

a) **1.** acquisti, **2.** chattare, **3.** computer, **4.** e-mail, **5.** ricerche; b) **1.** mouse, **2.** chattare, **3.** schermo, **4.** internet, **5.** tastiera, **6.** computer, **7.** ricerca, **8.** navigare

69 C'era una volta

a Ordnen Sie die Imperfektformen von **andare** den entsprechenden Pronomen zu.*

1. io	___	**A** andavi
2. tu	___	**B** andavate
3. lui/lei/Lei	___	**C** andavamo
4. noi	___	**D** andavano
5. voi	___	**E** andavo
6. loro	___	**F** andava

b Setzen Sie die richtige Imperfetto-Form der Verben ein.**

1. Da bambino ________ (andare) in vacanza al mare con i miei genitori.

2. (Noi) ________ (avere) molti amici là.

3. (Io) ________ (giocare) con Anna e la sua amica Simona.

4. Anna e Simona ________ (abitare) al mare.

5. (Io) ________ (abitare) in città.

6. Anna mi ________ (scrivere) una lettera ogni settimana.

7. Ogni anno mi ________ (mandare) un regalo di compleanno.

69 Das *Imperfetto*

So werden die Verben im **Imperfetto** konjugiert:

	parlare *(reden)*	**scrivere** *(schreiben)*	**sentire** *(hören)*
io	parl**avo**	scriv**evo**	sent**ivo**
tu	parl**avi**	scriv**evi**	sent**ivi**
lui, lei, Lei	parl**ava**	scriv**eva**	sent**iva**
noi	parl**avamo**	scriv**evamo**	sent**ivamo**
voi	parl**avate**	scriv**evate**	sent**ivate**
loro	parl**avano**	scriv**evano**	sent**ivano**

Nur wenige Verben weichen von dieser regelmäßigen Bildung des **Imperfetto** ab:

dire → dicevo fare → facevo bere → bevevo

!

Auch das Hilfsverb **essere** wird im **Imperfetto** unregelmäßig konjugiert:

io	**ero**	noi	**eravamo**
tu	**eri**	voi	**eravate**
lui/lei	**era**	loro	**erano**

LÖSUNGEN:

a) **1.** e, **2.** a, **3.** f, **4.** c, **5.** b, **6.** d, b) **1.** andavo **2.** avevamo, **3.** giocavo, **4.** abitavano, **5.** abitavo, **6.** scriveva, **7.** mandava

70 Carissima Michela

a Diese E-Mail ist durcheinandergeraten. Bringen Sie sie in die richtige Reihenfolge.*

A Noi stiamo tutti bene, anche se le ferie ormai sono finite.

B Un abbraccio

C E voi quest'anno dove siete andati?

D Carissima Michela, come stai?

E P.S.: Saluta anche i tuoi genitori!

F Speriamo di rivedervi presto.

G Ti mando delle fotografie fatte sul Col Quaternà.

H Siamo stati in montagna come sempre.

1. ____, **2.** ____, **3.** ____, **4.** ____, **5.** ____, **6.** ____, **7.** ____, **8.** ____

b Entschlüsseln Sie die SMS-Sprache und ordnen Sie zu.**

1. c6	___	**A**	nessuno
2. x	___	**B**	ti voglio bene
3. tvb	___	**C**	perché
4. nes1	___	**D**	domani
5. dmn	___	**E**	ci sei
6. xke	___	**F**	pcr

70 E-Mail und SMS schreiben

Auch im Italienischen hat sich eine eigene „SMS-Sprache“ entwickelt. Hier finden Sie ein paar Grundlagen:

Der unbestimmte Artikel **un** bzw. **una** wird durch die Zahl **1** ersetzt. Dies gilt auch in Kombination mit verschiedenen Abkürzungen, z. B. **qualcuno** = **qlc1** und **nessuno** = **nes1**.

6 steht für das Verb **essere** in der 2. Person Singular sei, auch in Wortkombinationen wie z.B. **ci sei** = **c6**. Die Konsonantengruppe **ch** wird durch ein **k** ersetzt, z.B. **chi** = **ki**, **che** = **ke**.

Einige Wörter werden abgekürzt, z.B. **domani** = **dmn**, **risposta** = **risp**, **grazie** = **grz** und **prego** = **prg**. Auch für komplette Sätze oder Satzteile gibt es Abkürzungen: **ti voglio bene** *(ich habe dich gern)* **tvb** und **ti voglio tanto bene** = **tvtb**. Das Wort **per** wird durch das Multiplikationszeichen **x** ersetzt, auch innerhalb eines Begriffes, z. B. **però** = **xò** und **perché** = **xke**.

Sie wollen einem Italiener Ihre **indirizzo e-mail** *(E-Mail Adresse)* mitteilen oder auf eine gute Website (**il sito**) hinweisen? So sprechen Sie die darin vorkommenden Zeichen aus:

. → punto - → trattino @ → chiocciola bzw. at / → barra bzw. slash

LÖSUNGEN:

a) **1.** d, **2.** a, **3.** h, **4.** g, **5.** c, **6.** f, **7.** b, **8.** e; b) **1.** e, **2.** f, **3.** b, **4.** a, **5.** d, **6.** c

71 Imperfetto o passato prossimo?

a Wie lautet die entsprechende konjugierte Form des Verbs im **Passato Prossimo**?*

1. andavamo ______________________
2. avevi ______________________
3. dormivo ______________________
4. vedevano ______________________
5. parlava ______________________
6. scrivevate ______________________

b **Imperfetto** oder **passato prossimo**? Unterstreichen Sie die richtige Form.**

1. Mentre Paolo **dormiva/ha dormito**, sua moglie **lavorava/ha lavorato** in giardino.
2. Oggi non **vedevo/ho visto** Francesca.
3. Da giovane, Michele **aveva/ha avuto** uno scooter.
4. Ogni anno **andavamo/siamo andati** in Italia.
5. L'anno scorso mio papà **stava/è stato** meglio di adesso.
6. Ieri Anna mi **invitava/mi ha invitato** a cena.
7. Ti **piaceva/è piaciuto** il film?

71 *Passato prossimo und imperfetto*

Das **passato prossimo** ist eine Vergangenheitsform für Vorgänge, die

- **abgeschlossen** sind:
  L'ho visto ieri. — *Ich habe ihn gestern gesehen.*
- bis **in die Gegenwart reichen**:
  Oggi non ho mangiato niente. — *Ich habe heute nichts gegessen.*
- **Folgen für die Gegenwart** haben:
  Ho perso la mia chiave. La devo cercare. — *Ich habe meinen Schlüssel verloren. Ich muss ihn suchen.*

Das **Imperfetto** wird als Vergangenheitsform verwendet,

- um **Gegebenheiten** und **Personen** zu **beschreiben**:
  Faceva freddo. — *Es war kalt.*
  Da bambina portava orecchini. — *Als Kind trug sie Ohrringe.*
- um **Gewohnheiten** zu **schildern**:
  Ogni sera mia madre mi portava a letto. — *Meine Mutter brachte mich jeden Abend ins Bett.*

Einige Signalwörter für den Gebrauch des **Imperfetto**:

mentre	*während*
ogni anno/giorno	*jeden Tag/jedes Jahr*
da bambino/giovane	*als Kind/Jugendlicher*

LÖSUNGEN:

a) **1.** siamo andati, **2.** hai avuto, **3.** ho dormito, **4.** hanno visto, **5.** ha parlato, **6.** avete scritto; b) **1.** dormiva, lavorava, **2.** ho visto, **3.** aveva, **4.** andavamo, **5.** stava, **6.** mi ha invitato, **7.** è piaciuto

Wortverzeichnis

A

gli	**Appennini**	*Appenin*
	a	*in*
	a che ora?	*um wie viel Uhr?*
	a destra	*rechts*
	a piedi	*zu Fuß*
	a sinistra	*links*
	abbondante	*üppig*
l'	**abbraccio**	*Umarmung*
	abitare	*wohnen*
	accompagnare	*begleiten*
l'	**aceto**	*Essig*
l'	**acqua**	*Wasser*
l'	**acquisto**	*Kauf*
	addormentarsi	*einschlafen*
	adesso	*jetzt*
	adorare	*lieben*
l'	**aereo**	*Flugzeug*
l'	**affluente**	*Zufluss*
l'	**aglio**	*Knoblauch*
	agosto	*August*
	al massimo	*höchstens*
l'	**albanese**	*Albanisch*
l'	**albergo**	*Hotel*
l'	**albero**	*Baum*
	alcune	*einige*
	all'italiana	*auf italienische Art*
	almeno	*mindestens*
	alto	*groß*
	altro	*andere/r, anderes*
	alzarsi	*aufstehen*
l'	**amica**	*Freundin*
l'	**amico**	*Freund*
	anche	*auch*
	ancora	*noch (einmal)*
	andare	*gehen*
l'	**andata**	*Hinfahrt*
l'	**animale**	*Tier*
l'	**animale domestico**	*Haustier*
l'	**anno**	*Jahr*
l'	**antipasto**	*Vorspeise*
	antipatico	*unsympatisch*
	aperto	*offen, geöffnet, aufgeschlossen*
l'	**appartamento**	*Wohnung*
	appena	*gerade erst*
l'	**appetito**	*Appetit*
	aprire	*öffnen*
l'	**arabo**	*Arabisch*
	arancione	*orange*
l'	**area di servizio**	*Raststätte*
l'	**armadio**	*Schrank*
l'	**arredamento**	*Einrichtung*
	arrivare	*ankommen*
l'	**arrivo**	*Ankunft*
l'	**arrosto**	*Braten*
l'	**ascensore**	*Aufzug*
	ascoltare	*hören*
l'	**aspetto**	*Aussehen*
	attraversare	*überqueren*
	augurarsi	*sich wünschen*
l'	**autobus**	*Autobus*
	avere bisogno di	*brauchen*
	avere voglia di	*Lust haben*
l'	**avvocato**	*Rechtsanwalt*
	azzurro	*blau*

B

il	**balcone**	*Balkon*
	ballare	*tanzen*
il	**bambino**	*Kind*
il	**bar**	*Lokal, (Steh)café*
la	**basilica**	*Basilika*
	beige	*beige*
	bello	*hübsch, schön*
	bene	*gut*
	benissimo	*sehr gut*
	bianco	*weiß*
la	**bicicletta**	*Fahrrad*
la	**biglietteria**	*Fahrkartenschalter*
	biondo	*blond*
	blu	*blau*
la	**bocca**	*Mund*
la	**bottiglia**	*Flasche*
il	**braccio**	*Arm*
	bravo	*tüchtig*
	breve	*kurz*
	brutto	*hässlich*
	Buon Natale!	*Frohe Weihnachten!*
	Buongiorno!	*Guten Tag!*
	buono	*gut*
il	**burro**	*Butter*

C

la	**cabina doccia**	*Duschkabine*
il	**caffè**	*Kaffee*
	caldo	*warm, heiß*
la	**camera**	*Zimmer*
la	**camera singola**	*Einzelzimmer*
il	**cameriere**	*Ober, Kellner*
la	**camicetta**	*Bluse*
la	**camomilla**	*Kamillentee*
	cantare	*singen*
la	**cantina**	*Keller*
i	**capelli**	*Haare*
	capire	*verstehen*
i	**capperi**	*Kapern*
la	**caramella**	*Bonbon*
	carissimo	*liebster*
la	**carnagione**	*Hautfarbe*
	caro	*teuer; lieber*
la	**casa**	*Haus*
la	**cassaforte**	*Safe*
	castano	*kastanienbraun*
	cattolico	*katholisch*
	c'è	*es gibt, da ist*
la	**cena**	*Abendessen*
	cento	*hundert*
il	**centro**	*Zentrum*
	cercare	*suchen*
	certo	*sicher*
	che	*welcher, was für ein*
	Che cosa?	*Was?*
	Che ora è?	*Wie spät ist es?*
	Che ore sono?	*Wie spät ist es?*
	Chi?	*Wer?*
	chiamarsi	*heißen*
la	**chiave**	*Schlüssel*
la	**chiesa**	*Kirche*
il	**chilo(grammo)**	*Kilo(gramm)*
la	**chitarra**	*Gitarre*
	ci	*dorthin*
	ci sono	*es gibt, da sind*
	ciao	*hallo, tschüss*
il	**cielo**	*Himmel*
il	**cinema**	*Kino*
la	**cipolla**	*Zwiebel*
la	**città**	*Stadt*
la	**classe**	*Klasse*
	classica	*klassisch*
la	**colazione**	*Frühstück*
il	**coltello**	*Messer*
	come	*wie*
	Come va?	*Wie geht's?*
	cominciare	*beginnen*
il	**commercio**	*Handel*
	compiere	*beenden, vollenden*
	compiere gli anni	*Geburtstag haben*
i	**compiti**	*Hausaufgaben*
il	**compleanno**	*Geburtstag*
	comportarsi	*sich benehmen*
	comprare	*kaufen*
la	**compressa**	*Tablette*
	con	*mit*
il	**condizionale**	*Konditional*
	conoscere	*kennen, kennenlernen*
il	**conto**	*Rechnung*
il	**controllore**	*Schaffner*
il	**coperto**	*Gedeck*
	corretto	*korrekt*
la	**cosa**	*Sache*
	Cosa?	*Was?*
	così	*so*
la	**cotoletta**	*Schnitzel*
	cotto	*gekocht*
	credere	*glauben*
la	**crema idratante**	*Feuchtigskeitscreme*
la	**cucina**	*Küche*
	cucinare	*kochen*
la	**cura**	*Kur*

D

	da (räumlich)	*aus*
	dare	*geben*
	davanti	*vor*
	desiderare	*wünschen*
	di (räumlich)	*aus*
	Di dove sei?	*Woher kommst du?*
	di notte	*nachts*
	dicembre	*Dezember*
	dietro	*hinter*
	difficile	*schwierig*
	dire	*sagen*
la	**discoteca**	*Diskothek*
il	**distributore (di benzina)**	*Tankstelle*

il	**dito**	*Finger*
il	**divano letto**	*Schlafcouch*
	diventare	*werden*
	divertirsi	*sich amüsieren*
il	**dizionario**	*Wörterbuch*
la	**doccia**	*Dusche*
il	**docente**	*Dozent*
il	**dolce**	*Dessert, Süßigkeit*
	domani	*morgen*
la	**domenica**	*Sonntag*
la	**donna**	*Frau*
	dopo	*später*
	dormire	*schlafen*
	dove?	*wo?*
	dovere	*müssen*
	due	*zwei*
	due volte al giorno	*zweimal täglich*
	durante	*während*

E

	e, ed	*und*
	ecco	*hier*
l'	**economia**	*Wirtschaft*
l'	**edicola**	*Kiosk*
	elegante	*elegant*
l'	**escursione**	*Ausflug, Exkursion*
l'	**esercizio**	*Übung*
	essere	*sein*
	essere contrario	*dagegen sein*
	essere favorevole	*dafür sein*
	essere nato	*geboren sein*
l'	**estate**	*Sommer*
l'	**estero**	*Ausland*
l'	**etto**	*hundert Gramm*

F

	facile	*einfach, leicht*
la	**facoltà**	*Fakultät*
il	**fagiolo**	*Bohne*
la	**fame**	*Hunger*
	fantastico	*fantastisch*
	far male	*weh tun*
	far vedere	*zeigen*
	fare	*machen, tun*
	fare la spesa	*einkaufen*
	fare parte di	*gehören zu*
	fare surf	*surfen*
la	**farmacia**	*Apotheke*
il	**favore**	*Gefallen*
la	**febbre**	*Fieber*
	felice	*glücklich*
le	**ferie**	*Ferien, Urlaub*
	fermarsi	*anhalten*
	Ferragosto	*Maria Himmelfahrt*
la	**festa**	*Fest*
	festeggiare	*feiern*
la	**figlia**	*Tochter*
il	**figlio**	*Sohn*
il	**film**	*Film*
la	**filosofia**	*Philosophie*
	finalmente	*endlich*
	finire	*beenden, aufhören*
	fino a	*bis*
	Firenze	*Florenz*
	fitto	*dicht*
il	**flauto**	*Flöte*
	forte	*heftig*
la	**forza**	*Kraft*
la	**foto(grafia)**	*Foto*
il	**francese**	*Franzose, Französisch*
la	**francese**	*Französin*
il	**fratello**	*Bruder*
	freddo	*kalt*
	frequentare	*besuchen (Schule)*
la	**frutta**	*Obst*
il	**fruttivendolo**	*Obsthändler*
i	**funghi**	*Pilze*

G

la	**gamba**	*Bein*
il	**garage**	*Garage*
il	**gelataio**	*Eisverkäufer*
il	**gelato**	*Eis*
i	**genitori**	*Eltern*
	Genova	*Genua*
la	**gente**	*Leute*
	gentile	*freundlich*
la	**geografia**	*Geografie*
la	**Germania**	*Deutschland*
la	**giacca**	*Jacke*
il	**giardino**	*Garten*
	giocare	*spielen*

	giocare a tennis	*Tennis spielen*
il	**giornale**	*Zeitung*
la	**giornata**	*Tag*
il	**giorno**	*Tag*
il	**giovane**	*Jugendlicher*
	giovane	*jung*
il	**giovedì**	*Donnerstag*
	girare	*abbiegen*
il	**giro**	*Tour, Rundgang*
il	**giro per i negozi**	*Einkaufsbummel*
la	**gita**	*Ausflug*
	giugno	*Juni*
la	**giurisprudenza**	*Jura*
gli	**gnocchi**	*Gnocchi, Klößchen*
la	**gola**	*Hals*
il	**gomito**	*Ellbogen*
il	**grado**	*Grad*
	grande	*groß*
il	**grasso**	*Fett*
	grave	*schwer wiegend, ernsthaft*
	grazie	*danke*
	grigio	*grau*
	guardare la TV	*fernsehen*
la	**guida turistica**	*Fremdenführer(in)*

H

l'	**hostess**	*Flugbegleiterin; Reiseführerin*

I

l'	**idea**	*Idee*
	imparare	*lernen*
	in	*in*
l'	**indigestione**	*Verdauungsstörung*
l'	**influenza**	*Grippe*
l'	**inglese**	*Engländer(in), Englisch*
l'	**insegnante**	*Lehrer(in)*
	insegnare	*unterrichten*
	intelligente	*intelligent*
	interessante	*interessant*
	invece	*dagegen*
	invitare	*einladen*
	io	*ich*
l'	**istituto tecnico**	*berufliches Gymnasium*
l'	**italiana**	*Italienerin*

L

	là	*dort, da*
	largo	*breit, weit*
	lasciare	*lassen*
il	**latte**	*Milch*
	lavarsi	*sich waschen*
la	**lavatrice**	*Waschmaschine*
	lavorare	*arbeiten*
il	**lavoro**	*Arbeit*
il	**lavoro part-time**	*Teilzeitarbeit*
la	**legge**	*Gesetz, Rechtswissenschaft*
	leggere	*lesen*
	lei	*sie*
	Lei	*Sie*
	lento	*langsam*
la	**lettera**	*Brief*
il	**letto**	*Bett*
il	**letto matrimoniale**	*Doppelbett, Ehebett*
	libero	*frei*
la	**libreria**	*Bücherregal*
il	**libro**	*Buch*
il	**liceo linguistico**	*sprachliches Gymnasium*
la	**lingua**	*Sprache*
	linguistico	*sprachlich*
il	**litro**	*Liter*
	loro	*sie, ihr*
	lui	*er*
il	**lunedì**	*Montag*
la	**lunghezza**	*Länge*
	lungo	*lang*

M

	ma	*aber*
la	**macchina**	*Auto*
la	**madre**	*Mutter*
	maggio	*Mai*
la	**maglietta**	*T-Shirt*
il	**maglione**	*Pullover*
il	**mal di denti**	*Zahnschmerzen*
il	**mal di pancia**	*Bauchschmerzen*
il	**mal di testa**	*Kopfschmerzen*

la	**mamma**	*Mama*
	mandare	*schicken*
	mangiare	*essen*
	Mannaggia!	*Verflixt!*
la	**mano**	*Hand*
il	**Mar Adriatico**	*Adria*
il	**mare**	*Meer*
il	**marito**	*Ehemann*
	marzo	*März*
	massimo	*maximal*
la	**matematica**	*Mathematik*
il	**materiale**	*Material*
la	**mattina**	*Vormittag*
	me	*mich, ich, mir*
la	**medica**	*Ärztin*
la	**medicina**	*Medizin*
il	**medico**	*Arzt*
	meglio	*besser*
la	**mela**	*Apfel*
il	**melone**	*Honigmelone*
	meno	*weniger*
	mentre	*während*
il	**menù**	*Speisekarte*
	meravigliarsi	*sich wundern*
il	**mercato**	*Markt*
	mettersi qualcosa	*sich etw. anziehen*
	mezz'ora	*eine halbe Stunde*
	mi dispiace	*es tut mir leid*
	mia	*meine*
	Milano	*Mailand*
la	**minoranza**	*Minderheit*
il	**minuto**	*Minute*
	mio	*mein*
il	**modulo di registrazione**	*Anmeldeformular*
la	**moglie**	*Ehefrau*
	molto	*sehr, viel*
la	**montagna**	*Gebirge*
il	**monte**	*Berg*
il	**monumento**	*Denkmal*
	moro	*dunkelhaarig*
il	**museo**	*Museum*
la	**musica**	*Musik*
la	**musica rock**	*Rockmusik*

N

	Napoli	*Neapel*
	nascere	*geboren werden*
	Natale	*Weihnachten*
	naturale	*natürlich*
la	**nave**	*Schiff*
la	**nazionalità**	*Nationalität*
	ne	*davon*
il	**negozio**	*Laden, Geschäft*
	nero	*schwarz*
	nevicare	*schneien*
la	**nevicata**	*Schneefall*
	niente	*nichts*
	no	*nein*
	noi	*wir, uns*
	nostro	*unser*
la	**notte**	*Nacht*
il	**numero**	*Nummer*
	nuotare	*schwimmen*
	nuovo	*neu*
	nuvoloso	*bewölkt*

O

gli	**occhiali**	*Brille*
l'	**occhio**	*Auge*
	oggi	*heute*
	ogni	*jede(r,s)*
l'	**ora**	*Stunde, Uhr*
	ormai	*nun*
l'	**ospedale**	*Krankenhaus*
	otto	*acht*

P

il	**pacchetto**	*Päckchen*
	Padova	*Padua*
il	**padre**	*Vater*
	pagare	*zahlen*
il	**palazzo**	*Palast*
la	**pancia**	*Bauch*
il	**pane**	*Brot*
i	**pantaloni**	*Hose*
il	**papà**	*Papa*
il	**parcheggio**	*Parkplatz*
	parecchio	*ziemlich viel*
	Parigi	*Paris*
	parlare	*sprechen*
	partire	*abfahren*
	Pasqua	*Ostern*

	passare	*vorbeikommen, vorbeifahren; verbringen; vorübergehen*
	passare qualcosa a qualcuno	*reichen*
	passeggiare	*spazieren (gehen)*
la	**passeggiata**	*Spaziergang*
la	**pasta**	*Nudeln*
la	**patata**	*Kartoffel*
la	**pazienza**	*Geduld*
il	**pedaggio**	*Maut*
le	**penne**	*Penne*
	pensare	*denken*
il	**pepe**	*Pfeffer*
	per	*um ... zu*
	per cento	*Prozent*
	per favore	*bitte*
	per fortuna	*zum Glück*
	per piacere	*bitte*
	per posta aerea	*per Luftpost*
	permettersi	*sich erlauben*
la	**persona**	*Person*
la	**perturbazione**	*Störung*
	pesare	*wiegen*
il	**pesce**	*Fisch*
	piacere	*gefallen*
	Piacere!	*Angenehm!*
il	**pianoforte**	*Klavier*
la	**piazza**	*Platz*
	piccolo	*klein*
il	**piede**	*Fuß*
il	**pigiama**	*Schlafanzug*
	piovere	*regnen*
la	**piscina**	*Schwimmbad*
la	**plastica**	*Kunststoff*
	poco	*wenig*
	poi	*dann*
la	**polenta**	*Polenta*
il	**pomeriggio**	*Nachmittag*
il	**pomodoro**	*Tomate*
il	**ponte**	*Brücke*
la	**porta**	*Tür*
	portare	*tragen, bringen*
la	**posta**	*Post*
	potere	*können*
il	**pranzo**	*Mittagessen*
	preferire	*bevorzugen*
	prendere	*nehmen*
	prenotare	*reservieren*
	preparare	*zubereiten*
la	**preposizione**	*Präposition*
la	**pressione**	*Druck*
	presso	*bei*
	presto	*früh, bald*
il	**primo piano**	*erste Etage*
	primo, -a	*erste(r)*
i	**pro e i contro**	*Pro und Kontra*
	probabile	*wahrscheinlich*
il	**problema**	*Problem*
la	**pronuncia**	*Aussprache*
	proprio	*wirklich*
il	**prosciutto**	*Schinken*
la	**provincia**	*Provinz*

Q

	qualche	*einige*
	qualcosa	*etwas*
	qualcos'altro	*noch etwas*
	quando	*wann*
	quanto	*wie viel, wie sehr*
	quasi	*beinahe, fast*
	quella	*jene, die da*
	quello	*jener/s, der da, das da*
	questo	*der/das hier*
il	**quotidiano**	*Tageszeitung*

R

	raccogliere	*sammeln*
la	**ragazza**	*Mädchen*
il	**ragazzo**	*Junge*
il	**ragù**	*Ragout*
il	**regalo**	*Geschenk*
la	**regione**	*Region*
	regolare	*regelmäßig*
	ricco	*reich*
	riciclare	*recyceln*
	riempire	*ausfüllen*
il	**riposo**	*Ruhe*
il	**riscaldamento centralizzato**	*Zentralheizung*
il	**risotto**	*Risotto*
	risparmiare	*sparen*

il	**ristorante**	*Restaurant*
	ritenere	*halten für*
i	**ritfiuti organici**	*Biomüll*
il	**ritorno**	*Rückfahrt*
	rivedersi	*sich wiedersehen*
	Roma	*Rom*
	rosa	*rosa*

S

	sabato	*Samstag*
la	**sala da pranzo**	*Esszimmer, Speisesaal*
	salato	*gesalzen*
il	**sale**	*Salz*
	salire	*einsteigen*
	salutare	*grüßen*
	San Silvestro	*Silvester*
	sapere	*wissen, können*
la	**scarpa**	*Schuh*
	scendere	*hinuntergehen, hinabsteigen*
	sciare	*Ski fahren*
lo	**sciroppo**	*Sirup*
	scolastico	*Schul-*
lo	**scooter**	*Motorroller*
	scottarsi	*sich verbrennen*
la	**scottatura**	*Verbrennung*
	scrivere	*schreiben*
la	**scuola**	*Schule*
la	**scuola elementare**	*Grundschule*
la	**scuola materna**	*Kindergarten*
	scuro	*dunkel*
la	**scusa**	*Ausrede*
	scusare	*entschuldigen*
	seconda	*zweite*
	secondo me	*meiner Meinung nach*
	seguire	*folgen*
il	**semaforo**	*Ampel*
	semplice	*einfach*
	sempre dritto	*geradeaus*
	sentire	*hören*
	sentirsi	*sich fühlen*
la	**sera**	*Abend*
	sereno	*heiter*
la	**settimana**	*Woche*
	sfortunatamente	*leider*
	sì	*ja*
	sicuro	*sicher*
la	**signora**	*Frau*
il	**sistema**	*System*
la	**soffitta**	*Dachboden*
il	**soggiorno**	*Wohnzimmer; Aufenthalt*
	solo	*nur; allein(stehend); einzig*
	sopra	*über*
il	**soprabito**	*Mantel*
	sotto	*unter*
	sott'olio	*in Öl (eingelegt)*
gli	**spaghetti**	*Spagetti*
lo	**spagnolo**	*der Spanier*
	spedire	*versenden*
	spesso	*oft*
lo	**sport**	*Sport*
gli	**sposi**	*Brautpaar*
	stamattina	*heute Morgen*
	stanco	*müde*
	stare	*sein*
	stare bene	*jdm. gut gehen (gesundheitlich)*
	stasera	*heute Abend*
	statale	*staatlich*
la	**stazione**	*Bahnhof*
gli	**stivali**	*Stiefel*
	Stoccarda	*Stuttgart*
la	**strada**	*Straße*
	stretto	*eng*
lo	**studente**	*Schüler, Student*
la	**studentessa**	*Schülerin, Studentin*
	studiare	*studieren*
lo	**studio**	*Studium*
	su	*auf*
il	**sud**	*Süden*
il	**sugo**	*Sauce*
	suo	*sein*
la	**suocera**	*Schwiegermutter*
il	**suocero**	*Schwiegervater*
	suonare	*(ein Instrument) spielen*
il	**supplemento**	*Zuschlag*
lo	**svizzero**	*der Schweizer*

T

il	**tailleur**	*Kostüm*
	tanto	*soviel*
	tardi	*spät*
il	**tè**	*Tee*
il	**teatro**	*Theater*
la	**tedesca**	*Deutsche*
il	**tedesco**	*Deutsche(r)*
il	**tedesco**	*Deutsch*
	telefonare	*telefonieren*
il	**telefono**	*Telefon*
la	**telenovela**	*Seifenoper*
la	**televisione**	*Fernsehen*
il	**televisore**	*Fernsehgerät*
il	**tempo**	*Zeit; Wetter*
la	**terrazza**	*Terasse*
	terribile	*fürchterlich*
la	**testa**	*Kopf*
	ti	*dich, dir*
	tipico	*typisch*
il	**tipo**	*Art*
la	**tisana**	*Tee*
il	**topo**	*Maus*
	Torino	*Turin*
	tornare	*zurückkommen*
	tornare indietro	*umkehren*
la	**tosse**	*Husten*
	tra poco	*in Kürze*
	tranquillo	*ruhig*
il	**treno**	*Zug*
	Trento	*Trient*
	Trieste	*Triest*
	troppo	*zu sehr, zu viel*
	trovare	*finden*
	tu	*du*
	tuo	*dein*
	tutti	*alle*

U

	umido	*feucht*
	un po'	*ein bisschen, ein wenig*
	Ungheria	*Ungarn*
l'	**uovo**	*Ei*
	usare	*verwenden, gebrauchen*
	uscire	*ausgehen*

V

l'	**uva**	*Trauben*
	va bene	*okay*
la	**vacanza**	*Urlaub*
la	**vasca da bagno**	*Badewanne*
il	**vasetto**	*Glas*
	vecchio	*alt*
	vedere	*sehen*
	vedersi	*sich sehen*
	veloce	*schnell*
	vendere	*verkaufen*
il	**venerdì**	*Freitag*
	Venezia	*Venedig*
	venire	*kommen*
	veramente	*wirklich*
il	**verbo**	*Verb*
	verde	*grün*
la	**verdura**	*Gemüse*
	vergognarsi	*sich schämen*
il	**vestito**	*Kleid*
	viaggiare	*reisen*
il	**viaggio**	*Reise*
il	**viaggio di nozze**	*Hochzeitsreise*
la	**villa**	*Villa*
	viola	*violett*
la	**vista**	*Blick*
	Viva...!	*Es lebe.../ Hoch lebe...!*
	vivere	*leben*
	voi	*ihr*
	volerci	*brauchen, benötigen*
	volere	*wollen*
la	**volta**	*Mal*
	vomitare	*sich übergeben*
	vostro	*euer*

Z

lo	**zaino**	*Rucksack*
la	**zia**	*Tante*
la	**zucca**	*Kürbis*
lo	**zucchero**	*Zucker*

NOTIZEN

Seite 13, Übung 3a: 1. fotolia/drubig-photo, 2. shutterstock/olly, 3. istockphoto.com/ Chris Schmidt, 4. shutterstock/Yuri Arcurs ▪ **Seite 17**: fotolia.de/ darknightsky ▪ **Seite 21**: 1. istockphoto.com/ Neustockimages, 2. istockphoto.com/ naphtalina, 3. shutterstock/ StockLite, 4. istock/ aldomurillo ▪ **Seite 27**, Übung 10a: 1. shutterstock/ Kurhan, 2. shutterstock/Yuri Arcurs, 3. shutterstock/ AISPIX, 4. istockphoto.com/ doram ▪ **Seite 43**, Übung 18: 1. fotolia.de/ Michael00001, 2. fotolia.de/ Michael00001, 3. fotolia.de/ Michael00001, 4. fotolia.de/ Michael00001, 5. fotolia.de/ Michael00001, 6. fotolia.de/ Michael00001 ▪ **Seite 45**, Übung 19a: 1. fotolia.de/ thierry burot, 2. fotolia.de/ Andrey Sheldunov, 3. fotolia.de/ Joe Gough ▪ **Seite 53**, Übung 23b: 1. fotolia.de/ Olga Millan, 2. fotolia.de/ andreas reimann, 3. fotolia.de/ spuno ▪ **Seite 61**: fotolia/Adriana Harakalova ▪ **Seite 67**, Übung 30a: 1. thinkstockphotos.com/ Thinkstock Images, 2. fotolia.de/ Magalice, 3. fotolia.de/DURIS Guillaume, 4. shutterstock.com/wavebreakmedia ltd ▪ **Seite 71**, Übung 32a: 1. shutterstock/withGod, 2. fotolia/Kzenon, 3. istock/Claudiad, 4. fotolia/mangostock ▪ **Seite 85**: 1. fotolia/ felinda, 2. fotolia/ Andreas Osiptschuk, 3. fotolia/ David Alary, 4. fotolia/ ettocecco, 5. shutterstock/Alex Staroseltsev, 6. istockphoto.com/ Bernhard Richter, 7. fotolia.de/ Markus Rick, 8. istockphoto.com/ Bill Grove, 9. thinkstockphotos.com/ iStockphoto ▪ **Seite 89**, Übung 41b: 1. fotolia.de/ robynmac, 2. shutterstock/Robyn Mackenzie, 3. fotolia/matka_Wariatka ▪ **Seite 93**, Übung 43a: 1. fotolia.de/ philippe Devanne, 2. istockphoto.com/ Jorge Delgado, 3. istockphoto.com/ philip langley ▪ **Seite 109**, Übung 51a: 1. fotolia.de/ Cat, 2. shutterstock/ Momentum, 3. fotolia.de/ Cat, 4. istockphoto.com/ Liane Remmler, 5. istockphoto.com/ Alessandro Oliva, 6. istockphoto.com/ Bill Grove ▪ **Seite 121**: fotolia.de/ liliya kulianionak ▪ **Seite 123**, Übung 58a: 1. fotolia/Gary, 2. fotolia/ Matteo, 3. fotolia/Alexey Ivanov ▪ **Seite 125**, Übung 59a: 1. istockphoto.com/ Hadleigh Thompson, 2. fotolia/ Christian Schwier, 3. fotolia/ Carsten Meyer ▪ **Seite 135**, Übung 64a: 1. fotolia.de/ nomad, 2. fotolia.de/ NIkaNOVAK, 3. istockphoto.com/ Kate Tero ▪ **Seite 143**, Übung 67a: fotolia/claudiaveja